LA CIVILTÀ DELL'AMORE

LA FAMIGLIA PIENA DI AMORE

INSEGNAMENTO
DI S. GIOVANNI PAOLO II

*Attraverso la famiglia scorre la corrente
principale della civiltà dell'amore*
San Giovanni Paolo II

LA CIVILTA' DELL'AMORE

LA FAMIGLIA PIENA DI AMORE

INSEGNAMENTO DI S. GIOVANNI PAOLO II

KATARZYNA DOROSZ

Dedico questo libro a tutte le Famiglie, Donne, Uomini, Bambini, Anziani. Lasciate che la luce dell'insegnamento della Chiesa plasmi i vostri cuori, le vostre menti e il vostro carattere. Nelle parole di S. Giovanni Paolo II e di tutti i capi della Chiesa, esprimo la mia gratitudine per aver creato la Grande Famiglia Comune dei credenti.

Un ringraziamento speciale va a:
- Sua Eccellenza l'Arcivescovo Christophe Pierre, Nunzio Apostolico degli Stati Uniti d'America
- Monsignor John Paul Pedrera, Missione Diplomatica della Santa Sede (Vaticano)
- Monsignor Séamus Horgan, Vice-Capo Missione
- Prelato Don Bogdan Bartold
- Don Maciej Jaszczolt

Sono stata anche supportata nel mio impegno editoriale da:
Padre Adam M. Filipowicz e Padre Edmund Szaniawski

Dedico questo libro a mio figlio, Damian.
Che tu possa scoprire la verità sull'uomo
e circondare tutti di amore e di pace.
Donando alle persone amore e sostegno troverai la via della pace.
Dona felicità e sarai felice.

Papa Giovanni Paolo II ci ha fornito inestimabili considerazioni per poter approfondire il concetto dell'alleanza matrimoniale, la fondamentale relazione tra uomo e donna, il ruolo della Famiglia, l'essenziale ruolo dei bambini e degli anziani nella nostra società. È una guida sicura che ci permette di capire l'essenza dell'Amore, unico e vero bisogno dell'esistenza umana.

Questo importante compendio delle "perle della saggezza divina" è stato intitolato giustamente "La Civiltà dell'amore". La signora Katarzyna Dorosz è riuscita ad individuare in modo comprensibile gli essenziali contenuti delle encicliche, senza reinterpretazioni.

Il ruolo della famiglia che è il fondamento della nostra società e che viene guidata dall'Amore in tutte le tappe della nostra vita, dalla nascita alla morte, è stato articolato in modo chiaro dal Papa polacco a cui è stato attribuito l'appellativo di "Papa della famiglia". Da lì deriva il sottotitolo "La Famiglia piena d'Amore".

Il libro è suddiviso in capitoli progressivi inerenti le varie età della vita: Ecce Homo (riguarda la condizione globale dell'umanità), Donna, Uomo, Matrimonio, Famiglia, Bambino e Anziano. In ognuno di essi sono state citate le parole del Santo Padre collegate da commenti dell'autrice per sottolineare i concetti, senza interferire con esse.

Per potersi realizzare e comprendere se stesso, l'uomo ha bisogno di un riferimento, *vademecum* dei valori morali conformi con la filosofia della Fede e della Chiesa. Il Papa Giovanni Paolo II in tutto il suo magistero è stato un difensore della dignità degli uomini e delle donne, della vita dalla nascita alla morte naturale, e l'ha chiamata "La civilizzazione dell'Amore".

Se vogliamo creare il mondo nel quale nascono le famiglie piene d'Amore dobbiamo conoscere ed assimilare il messaggio contenuto in questo libro.

Reverendissimo Mons. Bao Thai
Rettore della Cattedra di Cristo
Diocesi di Orange, California

Introduzione

In molte comunità, soprattutto nel mondo occidentale, c'è una disputa sull'identità umana, sulla ridefinizione del matrimonio e della famiglia. Si rivendicano i diritti delle unioni tra persone dello stesso sesso e si promuove l'ideologia *gender*. La forma tradizionale del matrimonio come unione tra un uomo e una donna, affermatasi nei secoli, sembra essere oggi seriamente minacciata e richiede un sostegno speciale. La situazione può sembrare analoga a quella in cui il cristianesimo primitivo si sviluppò in un mondo permeato dalla tradizione, dalla cultura e dalle credenze pagane dell'antica Grecia e di Roma. Anche i matrimoni e le famiglie cristiane, sebbene si siano sviluppati e formati nello spirito dell'insegnamento biblico, specialmente della teologia di San Paolo Apostolo, dovettero affrontare le difficoltà di una vita quotidiana lontana dagli ideali cristiani. Nell'ambito di problemi specifici, sono state poste domande sulla natura monogama dei matrimoni, sulla possibilità di risposarsi o sulla poligamia, sulle questioni del divorzio e dello scioglimento dei vincoli matrimoniali. Questioni significative di etica e moralità sono state sollevate in relazione alla promiscuità, all'adulterio o all'infedeltà, nonché problemi relativi agli anziani e ai single, alle vedove, oppure in relazione alla pratica pagana dell'abbandono dei bambini e dell'aborto. Tuttavia sarebbe impossibile non richiamare prima la questione dei fondamenti antropologici, della natura dell'uomo, in quanto tale, e anche percepito come uomo e donna. Il documento finale del Sinodo dei vescovi dedicato alle questioni familiari, conclusosi nell'autunno del 2015 a Roma, ha evidenziato una serie di problemi e minacce contemporanee. Tra questi, al punto 8, ha richiamato l'attenzione sull'ideologia *gender* che mina i fondamenti della natura umana, della sessualità umana determinata biologicamente:

Dall' ideologia gender che nega la differenza e la naturale complementarità dell'uomo e della donna nasce oggi una sfida culturale di grande rilievo. Essa presenta la società senza differenze di genere e banalizza le basi antropologiche della famiglia. Questa ideologia introduce progetti educativi e direttive legislative che promuovono identità personale e relazioni emotive completamente scollegate dalle differenze biologiche tra uomo e donna. L'identità della persona è affidata alla individuale scelta personale, che può variare nel tempo. Alla luce della fede la differenza tra uomo e donna porta l'immagine e la somiglianza di Dio (Gen. 1,2627). "Ci dice che non solo uomo è creato ad immagine di Dio, non solo la donna è creata ad immagine di Dio, ma anche la coppia uomo e donna sono l'immagine di Dio. La differenza tra l'uomo e la donna non serve né a contrastare né a sottomettere una all'altro ma all'unione e procreazione ad immagine e somiglianza di Dio. La cultura moderna di oggi ha aperto nuovi spazi, nuovi tipi di libertà e nuove profondità che permettono l'arricchimento della comprensione di questa differenza. Ha introdotto altrettanto molte perplessità e scetticismo (…). L'eliminazione della differenza (…) crea il problema e non porta la soluzione" Francesco, Udienza generale del 15 aprile 2015)[1].

Bisogna profondamente sperare che, come nei primi secoli, il cristianesimo abbia gradualmente cambiato la mentalità e la cultura delle persone e di tutte le società, così come, anche nell'epoca dei cambiamenti e pericoli contemporanei, possegga un potenziale da accendere e realizzare. Per potersi autodefinire, capire e realizzare, l'uomo ha bisogno di valori di riferimento solidi, immutabili, sicuri e di basi antropologiche fondate sulla filosofia e teologia. Un aiuto inestimabile in questa materia viene dall'insegnamento di San Giovanni Paolo II il cui lascito come Papa è impressionante e comprende encicliche, esortazioni, lettere, omelie, udienze generali e del mercoledì. Quanto impegno ha messo il Papa per promuovere il personalismo cresciuto sui valori cristiani, difendere la dignità dell'uomo e della donna, la dignità della persona dal concepimento fino alla morte naturale e propagare e costruire la "civiltà d'amore" [2]. Per fare un esempio, basta ricordare l'esortazione apostolica *Familiaris Consortio* (22) dove Giovanni Paolo II sottolinea la parità tra uomo e donna ed il ruolo del cristianesimo nella valorizzazione della loro dignità:

---

[1] Sinodo dei vescovi. XIV Assemblea Generale Ordinaria, Relazione finale del Sinodo dei Vescovi per il Santo Padre Francesco (24 ottobre 2015) 8, Libreria Editrice Vaticana 2015.

[2] È impossibile elencare e analizzare qui l'intero insegnamento di Giovanni Paolo II, ma vale la pena ricordare anche le sue lezioni in questo campo, che tenne come Karol Wojtyła all'Università Cattolica di Lublino, e che si sono poi riflesse in pubblicazioni anche tradotte in altre lingue: K. Wojtyła, *Persona e Atto e altri studi antropologici*, ed. 3, Lublino 1994; idem, *Amore e responsabilità*, Lublino 2015 (1a edizione nel 1960); idem, *Riflessioni sull'essenza dell'uomo*, Cracovia 1999.

Introduzione

«*Va sottolineata soprattutto la dignità e la responsabilità delle donne, al pari della dignità e della responsabilità degli uomini. Questa uguaglianza si realizza in particolare nel vero matrimonio e nella famiglia, donandosi all'altro coniuge e donandosi ad entrambi i figli. [...] Dio conferisce all'uomo e alla donna pari dignità personale, dotandoli dei diritti e dei doveri inalienabili propri della persona umana. [...] L'apostolo Paolo dirà: "Voi tutti... per fede... siete figli di Dio, in Cristo Gesù... Non c'è più Giudeo o Greco, non c'è più schiavo né libero, non c'è più non più maschio e femmina, perché tutti siete uno in Cristo Gesù*».

La pubblicazione *La Civilta' dell'Amore, la Famiglia Piena di Amore* di Katarzyna Dorosz è una sorta di compendio dei discorsi di Giovanni Paolo II sul tema della filosofia e teologia dell'uomo, del matrimonio e della famiglia. Dopo aver ricordato la biografia del Papa, selezionato i pensieri del suo maestro, il Primate del Millennio Cardinale Stefan Wyszyński oggi Beato e riportato le peculiarità della sua vita nel capitolo Totus Tuus, l'Autrice presenta in ordine tematico il magistero del Papa nei successivi capitoli *Persona, Donna, Uomo, Matrimonio, Famiglia, Bambino, Anziano*.

Katarzyna Dorosz, facendo una ricca analisi dei discorsi di Giovanni Paolo II offre al lettore una sintesi del suo insegnamento sugli argomenti che a lei più interessano. Lo fa in modo così attento e delicato che non impone la sua interpretazione dei singoli frammenti dei discorsi, lasciando la riflessione e la valutazione a chi avrà il desiderio di leggere qualcosa che val la pena non solo di preservare dall'oblio ma anche di riconoscere come verità che possa diventare base di insegnamento e di applicazione nella vita.

Auspico che la presente pubblicazione contribuisca a riscoprire la bellezza del pensiero e della ricchezza del magistero di San Giovanni Paolo II e sia di stimolo alla ricerca personale anche su temi che vanno oltre queste pagine, per trovare risposte alle complesse domande dell'uomo di oggi.

Padre Adam M. Filipowicz

La Civiltà dell'Amore Insegnamento di S. Giovanni Paolo II

S. Giovanni Paolo II, chiamato il Papa della famiglia, nel suo magistero presenta la bellezza della famiglia ed il suo ruolo nella costruzione della civiltà d'amore Sulle pagine di questo libro troviamo, scritto con un linguaggio semplice, uno studio dei discorsi più significativi di San Giovanni Paolo II. Essi riguardano il matrimonio come alleanza d'amore, parlano della ricchezza della famiglia, del ruolo dell'uomo e della donna, del tesoro più grande che è il bambino, degli anziani e dei parenti. Un largo cerchio familiare permette la realizzazione dell'amore, il più grande bisogno del cuore umano. Un'accurata selezione delle citazioni dei discorsi del Papa costituisce un invito alla lettura e fa capire cosa bisogna fare affinché la vita in famiglia diventi fonte di felicità per genitori e figli e contribuisca all'edificazione del bene nella comunità della Chiesa e nella famiglia umana.

Padre Edmund Szaniawski

Fot. Janusz Gojke

Totus tuus (Tutto tuo)

Essendo malato di Parkinson, il Papa negli ultimi anni della sua vita non aveva la forza di parlare, però trovava dentro di sé lo spirito di Dio che lo guidava. In questa sua debolezza vedeva la forza. Non ci ha mai lasciati soli. Con l'amore del Signore cercava di portare fino alla fine il suo lungo servizio all'umanità. Non è facile quando si sente dolore; immaginarsi alla sua età e con le sue malattie, delle quali mai si era lamentato. Giovanni Paolo II ha ricevuto una forza straordinaria che gli permetteva di amare Dio e la gente fino alla fine. E qui nasce la domanda: la vita del Papa ha avuto fine in realtà …?

"Non omnis moriar" – "Non morirò tutto"

Secondo me il pontificato di Giovanni Paolo II è un esempio di ventisei anni di lavoro a favore dell'uomo e dell'umanità. Non vi era posto per le lamentele, per il dolore. Il Papa faceva riferimento in grande misura alla volontà dell'uomo e ci invitava al discernimento e all'autodeterminazione. Proponeva di concentrarsi sul bene comune. Il comandamento dell'amore indirizzava ciascuno, mettendolo in guardia contro l'egoismo. Diceva che l'uomo è l'unica creatura al mondo che Dio ha creato per sé stesso. Pertanto, per principio, non è caratterizzato dall'egoismo e dal materialismo, ma dalla disponibilità a donarsi. Dovrebbe perciò perseguire la morale con la responsabilità – il comandamento dell'amore.

Giovanni Paolo II sosteneva che „*noi siamo peccatori e questo appartiene alla debolezza umana, ma Dio non conserva la memoria dei peccati, Dio ama l'uomo e cerca per lui una vera libertà*".

Vuol dire che l'uomo fa errori, ma Dio gli perdona.

„Scenda il Tuo Spirito e rinnovi la faccia della terra, di questa terra"

Katarzyna Dorosz

Sei per me il mio custode e il mio sostegno…
E per questo ti ringrazio immensamente!
Perché sei con me ogni giorno ed io con Cristo.

Katarzyna Dorosz

Due parole sul Papa…

Giovanni Paolo II nella vita non rivestì solo il ruolo di Papa: fu poliglotta, pedagogo, drammaturgo, attore dilettante, filosofo e mistico. Era un uomo straordinario, che dall'amore per Dio e per il prossimo traeva la sua forza e grandezza.

Nacque il 18 maggio 1920 a Wadowice, figlio tanto atteso di Emilia e Karol Wojtyla.

La sua città natale ha formato il carattere ed il cuore del futuro Papa. Quando varcò la sede di Pietro portò con sé i meravigliosi ricordi della sua famiglia, soprattutto del padre. A nove anni venne a mancare la sua amata madre e dopo tre anni suo fratello Edmondo. Il piccolo Karol dovette diventare grande da un giorno ad altro.

La sua educazione fu affidata completamente al padre, il quale lo seguiva, alla sera, nello studio. Egli prestava anche molta attenzione alla vita spirituale del ragazzo insegnandogli le preghiere e frequentando la chiesa. Grazie a questa impostazione il piccolo Karol serviva Messa, fino a diventare capo dei ministranti. Dalla devozione allo Spirito Santo ereditata dal padre nacque la famosa enciclica sullo Spirito Santo.

Karol era molto intelligente e studiava volentieri. Dopo aver conseguito il diploma di maturità andò con suo padre a Cracovia dove studiò lingua e letteratura polacca all'Università Jaghiellonica e sviluppò la sua passione per il teatro. L'attività teatrale lo aiutava nella sopravvivenza, lo incoraggiava e gli dava speranza, specialmente quando rimase da solo al mondo.

Dopo lo scoppio della II guerra mondiale, per aiutare il padre che si era ammalato di cuore, iniziò a lavorare, prima nella cava di Zakrzowek e poi nell'impianto di depurazione delle acque a Borek Falęcki. Anche se il lavoro era molto duro, non si lamentava. Nel febbraio del 1941 suo padre morì ed il giovane Karol rimase molto smarrito.

In quel periodo, aiutato dal sarto Jan Tyranowski, maturò la sua vocazione e l'anno dopo entrò in seminario. All'Università Jaghiellonica conseguì anche il diploma magistrale in teologia.

Nel 1946 Karol Wojtyła fu ordinato sacerdote dal cardinale Adam Stefan Sapieha e fu inviato a Roma, dove iniziò gli studi di dottorato presso la Pontificia Università San Tommaso d'Aquino, discutendo la sua tesi due anni dopo. Tornato in Polonia, divenne vicario a Niegowić. Lì iniziò a insegnare ai bambini, fondò per loro un teatro, organizzò gite e insegnò in ben cinque scuole, appartenenti alla parrocchia. In quel periodo viveva molto modestamente, perché dava tutto ciò che aveva ai poveri e agli ammalati.

Il 17 agosto 1949 tornò a Cracovia e divenne vicario presso la chiesa di San Floriano. Guidato dal principio che „*la cosa più importante è l'uomo e la verità su di lui*", si occupò non solo di pastorale universitaria e cura dei malati, ma anche di movimento teatrale. Fu apprezzato per la sua attività e, su richiesta del cardinale Stefan Wyszyński, suo mentore e amico, nel 1958 fu eletto vescovo ausiliare di Cracovia. Fu allora che adottò come motto le parole "*Totus Tuus*" ("*Tutto tuo*").

In Vaticano era apprezzato per la sua saggezza e per le capacità oratorie e di mediazione. Fu oratore molte volte durante il Concilio Vaticano. Karol Wojtyła fece parte del gruppo di neo-cardinali che prestarono giuramento il 26 giugno 1967 nella Cappella Sistina. E nel momento in cui, per la prima volta nella storia della Chiesa, l'allora Papa Paolo VI mise la *Berretta Rossa* sulla testa di un polacco, scattarono gli applausi.

Undici anni dopo, il 16 ottobre 1978, Karol Wojtyła divenne Papa. Così spiegò l'adozione del doppio nome Giovanni Paolo:

„Ho preso gli stessi nomi che scelse il mio caro Predecessore Giovanni Paolo I. Già il 26 agosto, quando rivelò al Sacro Collegio di volersi chiamare Giovanni Paolo - e questa scelta era senza precedenti nella storia - vi ho visto una sorta di eloquente segno di grazia nel cammino del nuovo pontificato. E siccome questo pontificato è durato solo 33 giorni, è mio dovere non solo continuarlo, ma per così dire, riprenderlo proprio al punto di partenza, come testimonia la scelta di questi due nomi. Accogliendoli sulle orme del mio amato Predecessore, vorrei esprimere il mio amore per questa particolare eredità lasciata dai Papi Giovanni XXIII e Paolo VI, e la mia disponibilità a continuarla con l'aiuto di Dio. Con questi due nomi e due pontificati mi unisco alla tradizione di questa Santa Sede, con tutti i Predecessori in questo ventesimo secolo e nei secoli precedenti, colle-

gandomi con le tappe sempre più lontane a questa continuità di missione e di servizio che segna il posto speciale della Sede di Pietro nella Chiesa. I pontificati di Giovanni XXIII e Paolo VI sono la tappa alla quale desidero direttamente riferirmi, la soglia dalla quale, in qualche modo, insieme a Giovanni Paolo I, intendo andare verso il futuro, guidato da questa sconfinata fiducia e obbedienza allo Spirito che Cristo Signore ha promesso e inviato alla sua Chiesa.

(La Santa Sede - *Giovanni Paolo II*)

Segretario personale di Giovanni Paolo II durante tutto il suo pontificato fu don Stanislaw Dziwisz. Ma fu il cardinale Stefan Wyszyński ad avere la maggiore influenza nel plasmare l'atteggiamento pieno di amore e fede del Papa polacco.

Partecipò all'inaugurazione del pontificato e all'*homagium*, il solenne omaggio al nuovo Papa da parte dei cardinali. Mentre baciava l'anello del pescatore di Giovanni Paolo II, quest'ultimo, in segno di rispetto per Wyszyński, si alzò dal trono, gli baciò la mano e gliela strinse. Il giorno successivo si verificò un evento simile durante l'incontro del Papa con i polacchi giunti a Roma. Il Primate di Polonia e il Santo Padre si strinsero in un lungo abbraccio, dopodiché Giovanni Paolo II disse: „*Non ci sarebbe questo Papa polacco sulla Sede di Pietro, che oggi, pieno di timor di Dio, ma anche pieno di fiducia, inizia un nuovo pontificato, se non fosse per la tua fede, che non ha indietreggiato dinanzi al carcere e alla sofferenza. Se non ci fosse la tua speranza eroica, la tua fiducia senza limiti alla Madre della Chiesa. Se non ci fosse Jasna Góra, e tutto il periodo della storia della Chiesa nella nostra Patria, unito al tuo ministero episcopale e del primate*". Con queste parole il Papa rese omaggio al suo maestro. È interessante notare che Giovanni Paolo II in seguito ammise di dover il suo pontificato a Wyszyński. Ricordò tante volte: „*Non dimenticherò mai le parole che mi disse il 16 ottobre, giorno di santa Edvige di Slesia, quando si avvicinava la decisione del conclave: Se ti scelgono, per favore non rifiutare*". Il Primate del Millennio mi ha aiutato molto allora. Ho potuto rispondere alla domanda postami dopo l'elezione: accetto.

Giovanni Paolo II come Papa divenne il più grande difensore della dignità umana. Sosteneva che „*il valore di un uomo non viene da quello che possiede, anche se avesse tutto il mondo, ma da quello che è.*" Ha anche collegato il concetto di dignità umana con la categoria della dignità del lavoro, affermando che il lavoro umano ha un valore etico: „*Il lavoro è un bene umano. Attraverso il lavoro, infatti, l'uomo realizza la sua umanità, diventa più umano*". Il Papa non aveva soggezione dei lavoratori, li comprendeva, perché per un periodo fu uno di loro e basò le sue convinzioni sull'esperienza acquisita nel duro lavoro nelle cave.

Giovanni Paolo II lottò per l'uguaglianza di tutti gli uomini appartenenti a nazioni e religioni diverse. „*Non abbiate paura! Questo è il nostro essere ed il nostro avere!*", sottolineando che non esistono persone o nazioni peggiori o migliori. Valorizzò gli anziani, indirizzando verso di loro l'attenzione speciale dei giovani, affinché ricordassero sempre che gli anziani sono un tesoro di esperienze di vita. Diceva: „la vecchiaia può essere inclemente" e allo stesso tempo affrontò la sofferenza con dignità, senza mai nasconderla e trattandola come parte della vita.

Karol Wojtyła, il Papa Giovanni Paolo II, si spense il 2 aprile del 2005.

Per il suo straordinario servizio di fedeltà e amore a Dio e al prossimo, fu prima beatificato (1 maggio 2011) e poi canonizzato (27 aprile 2014). Fu (e nei nostri pensieri lo è ancora) un uomo straordinario, portatore di un amore, di un consenso e di una fede che non lo abbandonarono mai, nemmeno nei momenti più difficili della sua vita. Affermava: „ognuno di noi ha una vocazione e un compito nella vita". Conobbe bene la sua vocazione e la realizzò. Trasse la sua forza dall'equilibrio tra contemplazione e vita attiva e seppe condividerla con gli altri.

Trasmise alla gente la forza di agire!
Ebbe il coraggio di cambiare il mondo!
Ebbe il coraggio di amare!
E lo ringraziamo per questo! …

Dal maestro…

Quando si affrontano le riflessioni del Santo Padre Giovanni Paolo II, non si può fare a meno di fare riferimento alle parole del suo grande amico, maestro e guida spirituale Stefan Wyszyński, il *Primate del Millennio*.

Fu un uomo eccezionale che per tutta la vita, anche quando fu perseguitato, manifestò la sua fede forte e coraggiosa. Morì nel silenzio il 28 maggio 1981, giorno dell'Ascensione del Signore, alle 4.40. Offrì la sua sofferenza e la sua malattia, come lui stesso disse, per Giovanni Paolo II, in quel tempo ricoverato in ospedale dopo l'attentato alla sua vita, per la Santa Chiesa e per le famiglie. Durante il suo ministero di Primate di Polonia dedicò nel suo magistero molta attenzione alla famiglia.

Trattando questo libro il tema della famiglia, sarà utile conoscere il punto di vista del Primate del Millennio su questo argomento.

„Siamo famosi per essere patrioti. È vero. Ma forse pretendiamo troppo dalla Patria, dalla Nazione e non abbastanza da noi stessi. Eppure, la pace della Nazione scaturisce dalla pace della casa. Oggi si parla tanto di rafforzare la pace. La pace si rafforza nei cuori e nelle menti dominate dalla grazia e dalla fede viva. Se essa è nel cuore, nella mente delle persone, resterà

sicuramente in famiglia. Se rimane in ogni famiglia, regnerà in tutta la nostra Patria. Non c'è altro modo per rafforzare e preservare la pace!

Jasna Gora, 15 agosto 1977

„L'ordine del cuore di ogni compatriota deve essere connesso con l'ordine della famiglia, perché l'ordine sociale si costruisce nella famiglia. È lì che si forma l'organismo nazionale, perché la nazione è composta dalle famiglie. Pertanto, la famiglia e i suoi diritti, la sicurezza e la pace devono essere in prima linea in tutti i compiti della vita sociale e pubblica. Solo così nasce un ordine morale e sociale, guidato dal principio: occorre fare di tutto affinché i componenti delle famiglie abbiano condizioni di vita adeguate, affinché possano proteggere la vita delle loro famiglie contro lo sfruttamento, la povertà, la miseria e l'abuso, e contro il sacrificio delle esigenze e dei compiti della vita familiare ad altri fini, soprattutto economici e politici."

Skałka a Cracovia, 8 maggio 1978

„Dovremmo avere il senso della famiglia non solo nella nostra casa dove vivono padre, madre e figli. Questa è senza dubbio la famiglia, è la cellula più elementare della vita sociale. Senza famiglia non c'è nazione, così come senza nazione è difficile immaginare uno stato sano e dignitoso. Nella famiglia nasce la nazione e si educa il senso dell'ordine sociale"

Jasna Gora 3 giugno 1978

„Questa è la tua dote: te stessa e il tuo cuore. Sei un dono. Quello che porterai sarà ciò che sei: pura ed incontaminata o sporca. (…) Se entri nella vita della fidanzata casta, il tuo matrimonio sarà casto. (…) Se entri sporca, tutto sarà sporco. Sai quanto la tua famiglia ha bisogno del tuo cuore amorevole. Ma solo un

cuore puro è capace di vero amore. E sai anche bene che per conservare e custodire la castità, devi considerarla un tesoro ed essere vigilante per non perderla per disattenzione, imprudenza o sbadataggine. Come si ripara un cristallo prezioso quando cade sul pavimento e si frantuma in minuscoli pezzi? Come riparare il cristallo del tuo cuore e del tuo corpo? Le imperfezioni rimarranno, il che è un peccato, perché il cristallo perderà il suo prezzo. Ed è per questo che hai bisogno di impegno, cautela e grande vigilanza per proteggere il tuo cuore, mantenere la purezza e dignità."

Lettera alle ragazze polacche a Jasna Góra, 27 luglio 1958

„La scelta del coniuge non può essere frutto di un capriccio, una voglia, una fantasia, un sentimento fugace. La scelta deve essere attenta, perché da essa dipende se il futuro matrimonio sarà felice o meno. (…) Il matrimonio non è solo una questione di cuore, di sentimenti – è soprattutto una questione di ragione. La considerazione delle leggi di Dio e del bene della nostra fede cristiana dovrebbe svolgere un ruolo significativo nella scelta del coniuge. Ci si dovrebbe chiedere se il prescelto ama Dio e rispetta le leggi della Chiesa. Perché è importante che rispetti il diritto del coniuge. Coloro che non sono fedeli a Dio di solito non saranno fedeli al proprio coniuge. Bisogna considerare non solo il bene proprio ma dell'altro sposo; perché le persone che sono buone in se stesse possono non essere adatte uno per l'altra, specialmente quando differiscono per predisposizioni, origini e educazione".

Preparazione al matrimonio, 1946

„*Cristo Signore ha già parlato di ciò che dovrebbe unire marito e moglie. Devono essere uniti dall'amore come quello che Cristo ha per la Chiesa. (…) è vostro reciproco dovere. Non solo la moglie deve amare il marito: il marito deve amare la moglie. Entrambi avete un cuore ed entrambi i cuori devono essere devoti l'uno all'altro. Quindi entrambi santificatevi prima e perfezionatevi amandovi l'un l'altro. Certo, questo amore è più forte quando si è più giovani, perché allora anche i vantaggi del corpo vi aiutano. Ma verrà il giorno in cui la vita scriverà i suoi solchi e i suoi segni pesanti sui tuoi volti. Forse i motivi che una volta vi rendevano legati l'uno all'altro sono spariti. Poi, figli carissimi, vengono altri motivi. C'è un dovere di reciproca convivenza: la fedeltà. (…) La convivenza reciproca è valida anche quando i vantaggi del corpo non attraggono più; le virtù dell'anima e il suo carattere cristiano devono tenervi uniti.*".

Omelia agli sposi cattolici, Gniezno, 15 agosto 1957

"*Non aspettatevi mai, carissimi, aiuto dall'altra parte, ma affrettatevi sempre ad aiutare per primi: il marito aiuti la moglie, la moglie il marito. Così si creerà tra di voi un rapporto corretto, veramente umano, reciproco.*

Dal maestro...

Non aspettatevi mai troppo dall'altro, non esigete dall'altro più che da voi stessi. Prima di tutto esigete di più da voi stessi. Non potete impostare il vostro rapporto in modo da pretendere solo da una parte e da soli liberarsi da tutto. Solo allora ci sarà vero amore tra voi, un vero servizio e una vera disponibilità al sacrificio, quando ognuno di voi penserà a ciò di cui ha bisogno l'altra parte, non a se stesso. Solo allora ci sarà un perfetto equilibrio e l'armonia tra di voi. Inoltre, non affrettatevi mai a fare osservazioni o rimproveri. Innanzitutto, è meglio considerare „se faccio bene, se sto facendo tutto ciò che mi spetta". Solo quando la valutazione della nostra condotta è positiva, abbiamo il diritto di aspettarci del bene dall'altra parte."

Durante il matrimonio di Halina e Stefan Jurkiewicz, Varsavia,
6 aprile 1975

„*La convivenza è doverosa anche quando i vantaggi del corpo non attraggono più; le virtù dell'anima e il suo carattere cristiano devono tenervi uniti. Per rispetto reciproco… Rispetto di sé stessi! (…)*
Attraverso la reciproca pazienza… E poi, pazienza l'uno con l'altro! È il segno distintivo delle persone mature e perfette. La pazienza è un segno di comprensione reciproca e comprensione della vita. (…)
Partorendo figli… E questo è un altro mezzo di santificazione delle madri che l'Apostolo sottolinea con tanta forza: la donna sarà santificata partorendo figli [cfr. 1Tm 2,15]. Eh sì, perché il parto è un grande tormento, sacrificio e fatica. È un dolore così grande che le persone vogliono affrontarlo per alleviare una donna nell'adempimento del suo dovere di maternità. Questa sofferenza è di grande importanza. Ti purifica, cara Madre, e ti pone davanti a Dio. Ti ricorda che è Dio che opera in te, plasmando una nuova vita, suo figlio, per venire al mondo. La sofferenza, che la gente detesta così tanto, è una parte necessaria del nostro miglioramento personale e della nostra santificazione".
Omelia ai genitori cattolici, Frombork, 15 agosto 1961

„*Gli sposi si giustificano così spesso che non provano più la stessa simpatia reciproca come all'inizio del loro percorso comune. Probabilmente qui è fallita la pedagogia dell'amore. Hanno dimenticato che hanno il dovere di abbracciare tutta la vita di un'altra persona con amore e di dedicarsi a tutta la loro vita. Ed è reciproco: la moglie si dona per tutta la vita del marito, il marito per tutta la vita della moglie. Il matrimonio è un reciproco aiuto. Questo è l'insegnamento della Chiesa. Del resto, è così che ebbe inizio in Paradiso, quando Dio stesso - come ce lo*

spiega con parole semplici il Libro della Genesi - vide che non era bene che l'uomo fosse solo e aveva bisogno di aiuto."
Durante il matrimonio di Halina e Stefan Jurkiewicz, Varsavia, 6 aprile 1975

„La vita famigliare è un campo estremamente importante che richiede molti sacrifici e rinunce. Non pensate Figli di Dio, che l'adempiere ai doveri coniugali sia libero dalla croce e dai sacrifici. Ci vogliono molti sacrifici e molte rinunce.
Voi padri dovete ricordare che non vivete per voi stessi ma per la vostra famiglia, per la moglie e per i figli. Le vostre capacità, talenti e competenze non sono la vostra proprietà ma la proprietà di tutta la vostra famiglia. E così anche per il lavoro della moglie."
Niepokalanów, 9 aprile 1972

„Bisogna insegnare al bambino uno stile di vita dignitoso, prepararlo alla vita. Non basta gettarlo nel mondo dicendogli arrangiati! No, genitori! Il vostro dovere e la responsabilità per i vostri figli dura molti anni. Da voi dipende come formare il bambino, come abituarlo alla vita pratica, perché possa gestirsi da solo quando sarà autonomo. Perché la missione e il compito così grandi possano essere realizzati bisogna avere la santificazione di entrambi gli sposi. Non basta vivere uno accanto all'altra uniti dal sacramento del matrimonio. Dovete interagire tra di voi come persone battezzate nella Chiesa di Cristo ed uniti dal sacramento del matrimonio. Educate non solo i vostri figli, ma vi educate reciprocamente. E qui non ci sono differenze tra i doveri del padre e della madre, del marito e della moglie (…) I doveri del marito e della moglie sono paritari anche se diversi. Anche lo sforzo deve essere comune per una reciproca santificazione. Non si può permettere la situazione in cui la moglie

sia un angelo e il marito un diavolo; la moglie sia vincolata dai Dieci Comandamenti e il marito no; che la moglie deve essere sobria e il marito può essere ubriaco; che la moglie deve essere fedele e il marito se capita. Queste sono tutte superstizioni! Le responsabilità sono uguali davanti a Dio, perché Dio è il Padre sia del marito che della moglie. Ha dato i comandamenti ad entrambe le parti."

Omelia agli sposi cattolici, Gniezno, 15 agosto 1957

"L'uomo moderno, a causa dell'onnipotenza dello stile di vita tecnologico, si sente perso. Il tecnicismo sta prendendo il sopravvento. I giovani sono affascinati dallo sviluppo e dal potere della tecnologia che si adatta molto bene a loro. Il giovane ha più spesso contatti con una macchina fotografica, uno strumento, che con una persona, un essere vivente. Ci sono persone che passano ore a diretto contatto con una macchina fotografica, uno strumento, una macchina o una combinazione di macchine. La macchina ti coinvolge completamente, richiede la tua assoluta attenzione. E guai se uno non avesse questa attenzione! Egli potrebbe essere completamente perso, non solo mentalmente, ma anche fisicamente".

Ai responsabili diocesani della pastorale giovanile
maschile, Varsavia, 14 aprile 1971

"Per aiutare i giovani occorre soprattutto non scandalizzarli nel focolare familiare. Dopotutto i bambini e i giovani nel corso della vita a casa apprendono quasi tutto, sia nel bene che nel male. Per aiutare i giovani, è necessario prendersi cura di loro nella vita fuori casa: a scuola, al lavoro, nell'ambiente sociale. Non si può restare indifferenti a ciò che accade ai giovani a scuola e per strada, né a come si presentano la loro religiosità e decenza. (…)

Dal maestro...

Fot. Janusz Gojke

*Per aiutare i giovani bisogna cercare di capirli, apprezzando le loro aspirazioni e la loro fame. Non siamo indulgenti, siamo critici. Ma non esageriamo neanche nel dare giudizi severi. Invece di vedere macchie nere mettiamo luce sulle folate giovanili. (…)
Ricordiamo anche che le giovani generazioni hanno fame non solo di pane e prosperità, ma di Dio, delle luci del Vangelo, di un modello che susciti imitazione. Vogliamo creare un'opportunità per le giovani generazioni di agire e fare del bene. Facciamo in modo che vedano un fratello in ogni uomo. Lascia che imparino ad aiutarlo e servirlo. Non offendano né umilino nessuno. Lascia che sviluppino un senso di giustizia e di pace. (…) Che imparino ad essere coscienziosi e diligenti disinteressatamente.(…)*

Non abbiate paura di Cristo, il vostro Aiuto! Invocatelo e professatelo con coraggio, rivelandolo ai tuoi bambini e ai tuoi giovani! Per le generazioni a venire, Gesù Cristo continuerà ad essere „la luce del mondo". Lui ieri, oggi e domani - sempre lo stesso! (...) affidatevi alle mani affidabili della Migliore Madre, Madre di Cristo e nostra Madre della Chiesa, Maria, che ha nutrito e la Salvezza del mondo. (…) Alla sua luce è cresciuto il modello più bello del nostro tempo, il beato Massimiliano Maria Kolbe, che ha saputo dare la vita in difesa del fratello".

Ai genitori, educatori e anziani Varsavia, Ceneri 1972

„La gente dice: „ il tempo è denaro". Io invece dico: „il tempo è amore". I soldi non durano, ma l'amore sì che dura". La nostra vita vale tanto quanto amore c'è in essa.

Jasna Gora, 15 agosto 1979

„Solo le aquile si librano sui crinali e non temono precipizi, venti e tempeste. Dovete avere qualcosa delle aquile in voi! – il cuore di un'aquila e gli occhi di un'aquila verso il futuro. Dovete temperare ed elevare il vostro spirito in modo da poter volare come aquile sopra le creste verso il futuro della nostra patria. Allora sarete in grado, come le aquile, di superare tutte le svolte storiche, i venti e le tempeste, senza essere vincolati da alcuna schiavitù. Ricordate: le aquile sono uccelli liberi perché volano in alto."

(Gniezno, 1966)

Per finire vorrei riportare un altro discorso del Primate Stefan Wyszyński:

„Vediamo le colpe degli altri nei nostri confronti, ma di solito non vediamo le nostre colpe nei confronti degli altri. Della trave nel nostro occhio ne parleremo più tardi o mai. Preferiamo occuparci prima della pagliuzza nell'occhio del nostro prossimo."

Purtroppo queste parole riflettono perfettamente lo spirito dei nostri tempi, la cattiveria diffusa, l'egoismo dilagante.

Ecco perché dico a voi, miei cari: vogliatevi un po' più di bene! Parlate tra di voi, circondatevi di cure, cercate di comprendervi e scendete a compromessi. Ricordate: alla crisi della civiltà si deve rispondere con la civiltà dell'amore! Ed allora il mondo sarà sicuramente migliore...

Ecce Homo…
(Ecco Uomo)

*"Alla crisi della civilizzazione bisogna
rispondere con la civiltà dell'amore"
(Lettera apostolica Tertio millennio adveniente, 1994)*

Ecce Homo… (Ecco Uomo)

All'inizio delle nostre considerazioni sulla civiltà dell'amore è bene concentrarsi sull'uomo e sull'essenza dell'umanità. Nella lettera apostolica "*Mulieris Dignitatem*" il Santo Padre scrive:

„*L'uomo è il vertice di tutto l'ordine della creazione nel mondo visibile*".

E sottolinea la sua eccezionalità affermando che:

„*La vita che Dio concede all'uomo è più della mera esistenza nel tempo. È tendere verso la pienezza della vita; è il seme di un'esistenza che trascende i limiti del tempo: «Dio creò l'uomo per l'immortalità, lo fece a immagine della propria natura» (Sap 2,23).*

(Evangelium Vitae, 34)

Nell'enciclica *Redemptor hominis* afferma invece che, se Dio è amore, l'uomo è il frutto di questo amore, creato ad immagine e somiglianza dell'Altissimo. E dichiara espressamente che nessun uomo può vivere senza amore.

„*Egli rimane per sé stesso un essere incomprensibile, la sua vita è priva di senso, se non gli viene rivelato l'amore, se non s'incontra con l'amore, se non lo sperimenta e non lo fa proprio, se non vi partecipa vivamente. E perciò appunto Cristo Redentore - come è stato già detto - rivela pienamente l'uomo all'uomo stesso. Questa è - se così è lecito esprimersi - la dimensione umana del mistero della Redenzione. In questa dimensione l'uomo ritrova la grandezza, la dignità e il valore propri della sua umanità*"

(Redemptor hominis)

Osserviamo allora più attentamente quale sia l'essenza dell'uomo nel pensiero di Giovanni Paolo II.

Secondo il magistero del Papa l'uomo è una persona, ossia un essere libero, autocosciente, autonomo, capace di determinare le scelte della sua vita e di realizzarsi. Tutto ciò si esprime nella capacità di autoconoscenza e di dominio di sé.

„L'uomo realizza sé stesso per mezzo della sua intelligenza e della sua libertà e, nel fare questo, assume come oggetto e come strumento le cose del mondo e di esse si appropria."

(Centesimus annus, 1991)

L'uomo è anche un essere dinamico che si realizza attraverso azioni e atti coscienti e liberi.

„In questa esperienza l'uomo si rivela come una persona, cioè una struttura del tutto specifica di auto possesso e del dominio di sé. In quanto struttura specifica, l'uomo si rivela nell'azione e attraverso l'azione. Così, la persona e l'atto costituiscono una realtà dinamica profondamente coerente, in cui la persona si rivela e si spiega attraverso l'atto e l'atto attraverso la persona."

Grazie a questo l'uomo può possedere, formare e dominare se stesso, assumendosi la responsabilità della propria vita e cercando di perfezionarsi.

E che cos'è la perfezione? Secondo il pensiero di Aristotele, ripreso da San Tommaso d'Aquino, la cosa perfetta è quella finita, dove non c'è bisogno né di aggiungere né di togliere. Come può questo riferirsi all'uomo? In teoria egli dovrebbe essere già perfetto essendo creato a immagine e somiglianza di Dio, ma non è così.

Ecce Homo... (Ecco Uomo)

L'uomo è un insieme integrale composto da vari elementi intrinsechi del corpo e dell'anima. Se l'anima è nell'uomo l'elemento della divinità, il corpo è debole e incline al peccato. In base a questo la perfezione umana è intesa come la ricerca di essa sul piano morale e spirituale. Ciò che è interessante è che l'amore è la dimensione di entrambi questi piani.

„Questo amore, al quale l'apostolo Paolo ha dedicato le parole del suo inno dalla prima Lettera ai Corinzi - l'amore che «soffre» è «clemente», l'amore che «tutto sopporta» (13,4-7), è sicuramente impegnativo. La sua bellezza sta proprio nel fatto che è esigente e in questo modo plasma il vero bene dell'uomo e irradia il vero bene. (…) L'amore è vero quando crea il bene delle persone e delle comunità, quando lo dona agli altri. Solo un uomo che sa esigere da sé stesso in nome dell'amore può esigere amore anche dagli altri (…)
L'inno dell'amore dalla Prima Lettera ai Corinzi diventa la grande carta della civiltà dell'amore. Si tratta (…) anzitutto di accettare la definizione dell'uomo come persona che „realizza sé stessa" attraverso un dono disinteressato di sé. Un dono è, certo, un dono per l'altro, „per gli altri": questa è la dimensione più importante della civiltà dell'amore."

(Lettera alle famiglie Gratissimam Sane)

Questo amore esigente è la base della ricerca della perfezione nell'aspetto spirituale. Perfezionarsi vuol dire edificare dentro di sé questa perfezione, con le proprie forze e secondo un determinato ordine morale.

"Proprio attraverso le sue azioni l'uomo si perfeziona come chiamato a cercare di sua spontanea volontà il suo Creatore e affinché, aderendo a Lui, possa raggiungere liberamente e pienamente la beata perfezione."

(Enciclica Veritatis Splendor)

Non è sufficiente avere una buona intenzione, è necessaria anche una corretta scelta delle azioni. Secondo il Papa anche il lavoro umano è uno strumento di perfezionamento di sé stessi. Tra l'altro in questo modo i laici partecipano attivamente al miglioramento della cultura intesa come dimensione del bene comune, perché proprio questo bene comune condiziona il raggiungimento della propria perfezione.

Il Santo Padre esprime la convinzione che la ricerca della perfezione è un aspetto della libertà, la quale è «nell'uomo un segno speciale dell'immagine di Dio» (*Veritatis Splendor*). Essa è insita nella natura stessa dell'uomo: da un lato è proprietà della sua volontà, ma dall'altro è anche proprietà costitutiva dell'intero soggetto personale che è l'uomo. Questo approccio di Giovanni Paolo II al tema della libertà è stato studiato, tra gli altri, dal professor Piotr Kupczak, dell'Università Cattolica di Lublino, che nella sua opera *La libertà della persona umana secondo Karol Wojtyła Giovanni Paolo II* indica come, grazie alla libertà, l'uomo „può realizzare sé stesso in modo conforme alla sua natura», il che significa che non solo la singola persona, ma anche l'intera umanità si afferma, si esprime e si realizza solo attraverso la libertà, la quale, secondo Giovanni Paolo II deve essere conforme alla verità evangelica.

"La persona si realizza mediante l'esercizio della libertà nella verità. La libertà non può essere intesa come facoltà di fare qualsiasi cosa: essa significa dono di sé. Di più: significa interiore disciplina del dono. Nel concetto di dono non è inscritta soltanto la libera iniziativa del soggetto, ma anche la dimensione del dovere."

(Lettera alle famiglie Gratissimam Sane, 1994)

Nella sua opera *Persona e Atto* (1969) il Papa, ancora in sintonia con il professor Kupczak, definisce la libertà come autocontrollo ed autodeterminazione dell'uomo.

Il tema della libertà è strettamente collegato con il fenomeno della persona umana. In un certo senso è la chiave della sua antropologia. L'uomo esiste per sé stesso ed è oggettivamente l'essere più perfetto del mondo creato.

„Perché l'uomo diventa veramente sé stesso attraverso il dono gratuito di sé..." (*Centesimus annus*). Egli è persona, nella sublime forma della sua natura e umanità. È un essere autonomo, distinto dalla sua natura umana, ragionevole e libero. Possiede una vita spirituale, ma nello stesso tempo è radicato nel mondo reale. Ogni persona si esprime nella vita in modo ragionevole e prima di tutto libero. È proprio la volontà e cioè la libertà, l'autodeterminazione, la soggettività al proprio io che decide l'aspetto supremo della persona: la sua morale.

Perché la morale è così importante per Giovanni Paolo II?
Egli sostiene che:

«*È proprio all'interno dell'uomo che molti elementi si contrastano a vicenda. Da una parte, infatti, come creatura, egli sperimenta in mille modi i suoi limiti; d'altra parte, si accorge di essere senza confini nelle sue aspirazioni e chiamato ad una vita superiore. Sollecitato da molte attrattive, egli è costretto sempre a sceglierne qualcuna ed a rinunciare alle altre. Inoltre, debole e peccatore, non di rado fa quello che non vorrebbe e non fa quello che vorrebbe. Per cui soffre in sé stesso una divisione, dalla quale provengono anche tante e così gravi discordie nella società»*

(Redemptor hominis)

Molto pericoloso dal punto di vista della libertà dell'uomo è l'utilitarismo, ossia la ricerca egoistica e individuale della massima felicità:

„…intesa solo come piacere, come immediato soddisfacimento a vantaggio esclusivo del singolo individuo, al di fuori o contro le oggettive esigenze del vero bene. Il programma dell'utilitarismo, fondato su di una libertà orientata in senso individualistico, ossia una libertà senza responsabilità, costituisce l'antitesi dell'amore, anche come espressione della civiltà umana considerata nel suo insieme. Quando tale concetto di libertà trova accoglienza nella società, alleandosi facilmente con le più diverse forme di umana debolezza, si rivela ben presto come una sistematica e permanente minaccia per la famiglia.

(lettera alle famiglie Gratissimam Sane, 1994)

La coscienza di questa debolezza non è l'unico fattore che minaccia l'uomo nella sua dimensione spirituale perché anche:

„Lo sviluppo della tecnica e lo sviluppo della civiltà del nostro tempo, che è contrassegnato dal dominio della tecnica stessa, esigono un proporzionale sviluppo della vita morale e dell'etica. Intanto quest'ultimo sembra, purtroppo, rimanere sempre arretrato. Perciò, quel progresso, peraltro tanto meraviglioso, in cui è difficile non scorgere anche autentici segni della grandezza dell'uomo, i quali, nei loro germi creativi, ci sono rivelati nelle pagine del Libro della Genesi, già nella descrizione della sua creazione, non può non generare molteplici inquietudini.

La prima inquietudine riguarda la questione essenziale e fondamentale: questo progresso, il cui autore e fautore è l'uomo, rende la vita umana sulla terra, in ogni suo aspetto, «più umana»? La rende più «degna dell'uomo»? Non ci può esser dubbio che, sotto vari aspetti, la renda tale. Quest'interrogativo, però, ritorna ostinatamente per quanto riguarda ciò che è essenziale in sommo grado: se l'uomo, come uomo, nel contesto di questo progresso, diventi veramente migliore, cioè più maturo spiritualmente, più cosciente della dignità della sua umanità, più responsabile, più aperto agli altri, in particolare verso i più bisognosi e più deboli, più disponibile a dare e portare aiuto a tutti."

(Redemptor hominis,15)

Perché è così importante la ricerca di Dio nella vita?
Il Santo Padre lo spiega così:

„*L'uomo che vuol comprendere sé stesso fino in fondo - non soltanto secondo immediati, parziali, spesso superficiali, e perfino apparenti criteri e misure del proprio essere - deve, con la sua inquietudine e incertezza ed anche con la sua debolezza e peccaminosità, con la sua vita e morte, avvicinarsi a Cristo. Egli deve, per così dire, entrare in Lui con tutto sé stesso, deve «appropriarsi» ed assimilare tutta la realtà dell'Incarnazione e della Redenzione per ritrovare sé stesso. Se in lui si attua questo profondo processo, allora egli produce frutti non soltanto di adorazione di Dio, ma anche di profonda meraviglia di sé stesso."*

(Redemptor hominis, 1979)

Le parole del Papa trovano riscontro nella Sacra Scrittura, guida per la ricerca e ritrovamento del Creatore.

Tra di esse, quelle sulla purezza del cuore, della quale parla molte volte nei suoi discorsi.

Cosa dice il Santo Padre a questo proposito?

„Avere un cuore puro vuol dire essere un uomo nuovo, restaurato dall'amore redentore di Cristo per vivere in comunione con Dio e con tutto il creato, quella comunione che è il suo destino originario".

„La purezza del cuore è così assegnata ad ogni uomo che si deve sforzare costantemente di resistere alle forze del male, quelle che agiscono dall'esterno e quelle dall'interno, le forze che vogliono strapparlo a Dio. E così nel cuore umano c'è una lotta costante per la verità e la felicità. Per vincere questa battaglia, l'uomo deve rivolgersi a Cristo".

„Annunciate al mondo la "buona novella" della purezza del cuore e trasmettetegli, con il vostro esempio di vita, il messaggio della civiltà dell'amore…"

„*Non abbiate paura di vivere contro le opinioni popolari e le proposte contrarie alla legge di Dio. Il coraggio della fede costa molto, ma non si può perdere l'amore! Non fatevi schiavi! Non lasciatevi sedurre dalle illusioni della felicità, per le quali dovreste pagare un prezzo troppo alto, il prezzo di ferite spesso incurabili o addirittura di vite spezzate, vostre ed altrui!*"

„*Solo un cuore puro può amare Dio pienamente! Solo un cuore puro può compiere pienamente la grande opera d'amore che è il matrimonio! Solo un cuore puro può servire pienamente un altro. Non lasciare che il tuo futuro venga distrutto. Non lasciatevi portare via la vostra ricchezza d'amore. Difendete la vostra fedeltà; la fedeltà delle vostre future famiglie, che stabilirete nell'amore di Cristo.*"

(Asunción, 18.05.1988)[3]

Secondo il Papa la purezza del cuore, associata alla fede e all'amore, permette di capire e giudicare l'uomo in modo corretto.

„*Un uomo deve essere misurato con la misura del cuore, con il cuore! (...) L'uomo deve essere misurato con la misura della coscienza, con la misura dello spirito aperto a Dio. Pertanto, l'uomo deve essere misurato con la misura dello Spirito Santo.*"

(Discorso ai giovani universitari, 1979)

---

[3] *Le fonti delle frasi sulla purezza del cuore: http://www. mateusz.pl/jp99/pp/1999/pp199906 12a.htm e https://www.fronda.pl/blog/fede-preghiera-vita/Giovanni Paolo II purezza del cuore- 23492.html, il 15.09.2021

La spiritualità e i valori spirituali sono per il Santo Padre un aspetto molto importante di tutti i suoi scritti e discorsi, poiché egli credeva che fossero un bisogno innato di ogni essere umano. Sono essi che distinguono gli esseri umani dalle altre creature. Egli considera la rinuncia della loro ricerca e del loro rispetto fonte di distruzione personale dell'uomo.

Giovanni Paolo II ritiene quali ostacoli all'apertura ai valori spirituali non solo i beni materiali, ma anche alcune condizioni sociali e culturali del nostro tempo (*Novo millennio ineunte*).

Padre Marek Chmielewski, nel suo studio *La spiritualità secondo Giovanni Paolo II*, pone l'attenzione sul fatto che la comprensione contemporanea del concetto di spiritualità differisce da quella presentata dal Santo Padre. Questo termine è diventato di uso comune per riferirsi a tutti quegli stati mentali ed emotivi, spesso chiamati superiori, che possono essere identificati sia con stati di "coscienza alternativa" (W. James) sia con "stati di picco di coscienza" (A. Maslow).

Secondo l'Associazione Americana di Psicologia, la spiritualità è considerata una delle cinque aree del *well being* ossia del benessere di una persona: tale approccio non è né contemplato né tantomeno divulgato dal Papa.

Giovanni Paolo II sostiene che l'essenza della spiritualità va ricercata nella verità e nella sottomissione ad essa. Essa si rivela non solo nel pensiero o nella coscienza, ma anche nell'azione umana, della quale il lavoro rappresenta una dimensione importante. Pertanto, tutte le manifestazioni della spiritualità umana dovrebbero corrispondere alla reale immanenza dello spirito, inteso come elemento spirituale nell'uomo.

L'elemento spirituale nell'essere umano (inteso come persona) consiste visibilmente nella convinzione espressa nella coscienza che "un essere umano agisce" e che "qualcosa sta accadendo in un essere umano". Come sono belle e sagge le parole del padre Chmielewski.

Per questo il Papa parla di spiritualità in relazione non solo all'amore o alla libertà, ma anche alla cultura, al rispetto della dignità della persona umana e dei diritti umani, alla necessità di migliorare le condizioni sociali e alla preoccupazione per la pace nel mondo.

Attribuisce inoltre grande importanza al silenzio quale atmosfera adeguata alla contemplazione e fondamento, allo stesso tempo, di un adeguato sviluppo della vita spirituale.

Nella lettera *Salvifici doloris* scrive che la sofferenza «è anche una chiamata a rivelare la grandezza morale dell'uomo, la sua maturità spirituale».

Ecce Homo... (Ecco Uomo)

Secondo Giovanni Paolo II la sofferenza adeguatamente vissuta conferma la grande dignità della persona umana, la fa diventare completamente nuova e trova una nuova misura di tutta la sua vita e vocazione.

Essa è quindi costretta, per così dire, a raggiungere la maturità interiore, intesa come maturità umana e maturità spirituale multiforme. È caratteristico del Papa riferirsi, nel contesto della maturità, sia al livello umano (personale) che a quello spirituale, perché, a suo avviso, da un lato la maturità umana è condizione *sine qua non* per la maturità spirituale, e dall'altro la maturità spirituale è complementare alla maturità personale.

Secondo il Santo Padre l'uomo, pur essendo ciascuno una persona individuale, deve essere percepito anche come essere comunitario.

„L'uomo, nella sua singolare realtà (perché è «persona»), ha una propria storia della sua vita e, soprattutto, una propria storia della sua anima. L'uomo che, conformemente all'interiore apertura del suo spirito ed insieme a tanti e così diversi bisogni del suo corpo, della sua esistenza temporale, scrive questa sua storia personale mediante numerosi legami, contatti, situazioni, strutture sociali, che lo uniscono ad altri uomini, e ciò egli fa sin dal primo momento della sua esistenza sulla terra, dal momento del suo concepimento e della sua nascita."
(Redemptor hominis)

L'uomo quindi, nell'intera verità della sua esistenza e del suo essere personale, comunitario e sociale, è "la prima e fondamentale via della Chiesa", indicata da Cristo stesso. Chiesa che Lui conduce attraverso i Misteri dell'Incarnazione e della Redenzione.

Fr. Arkadiusz Wuwer, nella sua opera *Le vie della Chiesa conducono all'uomo*, basandosi sulle considerazioni del Santo Padre ha scritto che in tutti gli ambiti della vita (sociale e statale), l'uomo dovrebbe sempre essere il fine e non il mezzo, il soggetto e non l'oggetto, il punto di partenza, e non di arrivo, sulla strada verso il traguardo. Inoltre, il criterio fondamentale per risolvere ogni tipo di problema dovrebbe essere il rispetto di ogni persona e della sua dignità. „Non può esistere bene comune o universale il cui fondamento non sia il bene della persona umana, il bene di una persona concreta".

Giovanni Paolo II era d'accordo con queste parole e lo affermava:

„L'uomo (...) è la prima e fondamentale via della Chiesa... Si giustifica pertanto la preoccupazione della Chiesa affinché la vita umana diventi sempre più umana, affinché tutto ciò che costituisce questa vita corrisponda alla vera dignità dell'uomo. La situazione nel mondo moderno è lontana dalle esigenze dell'ordine morale, della giustizia e dell'amore sociale: l'uomo vive sempre più nella paura."

(Redemptor hominis)

Il principio del personalismo cristiano (come scritto da padre Wuwer) sottolinea la dignità della persona umana ed è anche fonte di altri principi. Ci ricorda che l'uomo come persona è soggetto e centro della società. È, per così dire, „prima della società". Lo scopo della società è quello di creare, attraverso le sue strutture, le sue organizzazioni e le sue funzioni, condizioni che permettano a quante più persone possibile di sviluppare le proprie capacità e di soddisfare il proprio desiderio di perfezione e felicità.

„Dio non dubita dell'uomo. Noi cristiani, quindi, non possiamo disperare dell'uomo, perché sappiamo che l'uomo è sempre più grande dei suoi errori e delle sue trasgressioni."

(Lettera apostolica in occasione del 50° anniversario dello scoppio della Seconda Guerra Mondiale, 1989)

Per questo la Chiesa non può mai smettere di difendere la dignità della persona, contrastando ogni forma di schiavitù, di sfruttamento o di manipolazione che possa essere attuata a danno delle persone, non solo nel campo della politica o dell'economia, ma anche nell'ideologia, nella cultura o nella medicina. La vita dell'uomo deve essere più umana nel rispetto della sua dignità. E la Chiesa deve ricordarlo.

C'è un'altra questione molto importante che riguarda l'uomo. Nella Lettera Apostolica *Mulieris Dignitatem* il Santo Padre scrive:

„…l'uomo è il vertice di tutto l'ordine della creazione nel mondo visibile; il genere umano, che inizia con la chiamata all'esistenza dell'uomo e della donna, corona tutta l'opera della creazione; sia gli uomini che le donne sono esseri umani, entrambi creati a immagine di Dio. Questa immagine e somiglianza di Dio, essenziale per l'uomo e la donna come sposi e genitori, viene trasmessa ai loro discendenti: «Siate fecondi e moltiplicatevi, riempite la terra e soggiogatela»" (Genesi 1,28).

(Mulieris Dignitatem)

Con queste parole Giovanni Paolo II ha richiamato l'attenzione sull'uguaglianza tra donne e uomini e sul loro ruolo unico nel mondo. Il Creatore ha affidato il „dominio" sulla terra al genere umano, e quindi a tutti gli uomini, uomini e donne, che traggono la loro dignità e vocazione da un comune "inizio".

Fate attenzione anche a queste parole:

"L'uomo è una persona, in eguale misura l'uomo e la donna: ambedue, infatti, sono stati creati ad immagine e somiglianza del Dio personale. Ciò che rende l'uomo simile a Dio è il fatto che – diversamente da tutto il mondo delle creature viventi, compresi gli esseri dotati di sensi (animalia) – l'uomo è anche un essere razionale (animal rationale)[23]. Grazie a questa proprietà l'uomo e la donna possono «dominare» sulle altre creature del mondo visibile (cf. Gen. 1, 28).

(Mulieris Dignitatem)

Qual è la conclusione? Ebbene, sia l'uomo che la donna sono persone, quindi «l'unica creatura sulla terra che Dio ha voluto per sé stessa». E poiché Giovanni Paolo II non ha dubitato dell'unicità della persona umana sia come donna che come uomo, affronteremo questi temi più avanti nelle nostre riflessioni sulla civiltà dell'amore.

Donna

*„La donna non può ritrovare sé stessa
se non donando l'amore agli altri."
(Mulieris Dignitatem)*

Donna

Nelle considerazioni precedenti è stata sottolineata l'uguaglianza tra uomo e donna. Adesso facciamo un passo avanti. Secondo le parole dell'esortazione apostolica *Familiaris Consortio*, le donne occupano un posto speciale nella Chiesa di Cristo perché:

„Creando l'uomo maschio e femmina, Dio conferisce all'uomo e alla donna pari dignità personale, dotandoli dei diritti e dei doveri inalienabili propri della persona umana. A sua volta, Dio rivela al massimo grado la dignità della donna quando prende il corpo umano dalla Vergine Maria, che la Chiesa onora come Madre di Dio, chiamandola nuova Eva e ponendola a modello della donna redenta. Il sottile rispetto di Cristo per le donne che ha chiamato alla sua sequela e all'amicizia, la sua apparizione dopo la risurrezione a una donna davanti agli altri discepoli, la missione affidata alle donne di portare agli Apostoli il lieto annuncio della risurrezione, sono segni che confermano la speciale apprezzamento di Cristo Signore per la donna".

(Familiaris Consortio)

Pertanto, la donna è stata creata per l'uomo e l'uomo per la donna: sono un dono l'uno per l'altra ed è così che dovrebbero vedersi l'un l'altra nei loro occhi.

Nella *Teologia del matrimonio* Giovanni Paolo II scrive che l'accettazione della donna da parte dell' uomo, il modo stesso di riceverla, diventa il primo dono. Ella ritrova sé stessa nel dono disinteressato di sé. Quando è accolta come l'ha voluta il Creatore, cioè "per sé stessa", attraverso la sua umanità e la sua femminilità nel rispetto della sua dignità, arrivando nella sua profondità al dominio di sé.

La pari dignità delle donne nei confronti degli uomini non significa identità con questi ultimi, come invece spesso esse rivendicano. In una lettera inviata alla IV Conferenza mondiale delle Nazioni Unite sulle donne (26 maggio 1995), Giovanni Paolo II scrive che:

„Una tale identità non farebbe altro che impoverire le donne e la società nel suo insieme, distorcendo o distruggendo la ricchezza unica e il valore intrinseco della femminilità. Secondo la visione della Chiesa, uomini e donne sono chiamati dal Creatore a vivere in profonda comunità reciproca, conoscendosi e donandosi reciprocamente, operando insieme per il bene comune e completandosi una vicenda attraverso la complementarità delle caratteristiche femminili e maschili."

La donna fu così data all'uomo come «un aiuto a lui conveniente» (Genesi 2,18). Commentando questa frase, il Papa scrive:„...la donna deve «aiutare» l'uomo - e allo stesso tempo lui deve aiutarla – soprattutto nell'«essere umani.»

(*Mulieris Dignitatem*)

Allo stesso tempo spiega che diventare o essere umani consiste nel "ritrovarsi" nel dono disinteressato di sé, che costituisce l'essenza del vero amore. L'«umanizzazione» dell'uomo da parte della donna consiste nell'attualizzare la sua capacità di amare. Ciò è dovuto al fatto che «una donna non può ritrovare sé stessa se non donando l'amore agli altri.

(*Mulieris Dignitatem*)

Nella *Riflessione sulla Lettera Apostolica "Mulieris Dignitatem"*, padre Marek Chmielewski sottolinea la **natura meditativa della spiritualità della donna**. Vale la pena ricordare che, per la sua comprensione, la meditazione cristiana è una forma di preghiera che negli ultimi anni ha suscitato sempre più interesse, perché in generale è un contrappeso alle ansie dell'esistenza moderna e può portare sollievo alla persona, liberarla dallo stress quotidiano e donarle pace interiore. Riferendosi alla donna, egli afferma che uno dei tratti specifici della sua personalità spirituale e religiosa è la naturale capacità di essere meditativa verso Dio, verso l'uomo e verso il mondo che la circonda. Ciò si riflette nelle parole di Giovanni Paolo II sulla dignità e importanza della vocazione della donna e su ciò che può ripristinarla: l'esperienza dell'amore.

„Cristo, che conosce l'intimo umano (Lc 16,15; At 1,24), con questo atteggiamento nei confronti delle donne, ha risposto alla loro più profonda esigenza di realizzarsi nell'amore, perché «la donna è chiamata "fin dal principio" per essere amata e amare. (...) La dignità della donna è strettamente legata all'amore che essa prova per la sua femminilità e, allo stesso tempo, all'amore che a sua volta dona."

(Mulieris Dignitatem)

È proprio nella sensibilità della donna a Cristo, così ampiamente mostrata dal Papa, che va ricercato il fondamento teologico dell'atteggiamento e della dimensione meditativa della spiritualità della donna. Essa si manifesta anche nella sensibilità verso l'uomo, che nella *Mulieris dignitatem*, probabilmente per la prima volta nella storia della Chiesa, è stata definita «il genio della donna». Si può dire, infatti, che tutto il percorso della meditazione papale sulla dignità e sulla vocazione della donna culmina in questa espressione: "il genio della donna". Attraverso di essa è stato definito il particolare tipo di sensibilità della donna verso un'altra persona, che solo l'amore può rendere umanamente possibile: in questo sta tutto il potere femminile.

„La forza morale della donna, la sua forza spirituale si unisce con la consapevolezza che Dio le affida in un modo speciale l'uomo, l'essere umano. Naturalmente, Dio affida ogni uomo a tutti e a ciascuno. Tuttavia, questo affidamento riguarda in modo speciale la donna - proprio a motivo della sua femminilità - ed esso decide in particolare della sua vocazione. (...) La donna è forte per la consapevolezza dell'affidamento, forte per il fatto che Dio «le affida l'uomo», sempre e comunque, persino nelle condizioni di discriminazione sociale in cui essa può trovarsi. (...) (la donna) diventa un insostituibile sostegno e una fonte di forza spirituale per gli altri, che percepiscono le grandi energie del suo spirito."

(Mulieris Dignitatem)

Grazie a questa consapevolezza, a questo affidamento, la forza morale della donna viene rappresentata da molte figure femminili famose non solo nella narrazione biblica ma in generale nella storia dell'umanità.

Tornando alla questione dell'uguaglianza tra la donna e l'uomo, tenendo conto del fatto della donazione reciproca, vale la pena di citare queste parole del Santo Padre:

„Innanzitutto, va sottolineata la dignità e la responsabilità delle donne, pari alla dignità e alla responsabilità degli uomini. Questa uguaglianza si realizza in particolare in un vero matrimonio e una famiglia, donandosi all'altro coniuge e donandosi ad entrambi i figli. Ciò che la stessa mente umana sente e conosce è stato pienamente rivelato dalla Parola di Dio. La storia della salvezza, infatti, è una continua e gloriosa testimonianza della dignità della donna."

(Familiaris Consortio)

Donna

Queste parole sono in linea con l'insegnamento di Papa Paolo VI, che in uno dei suoi discorsi disse che:

„Nel cristianesimo, più che in ogni altra religione, la donna ha avuto fin dall'inizio uno statuto speciale di dignità, di cui molti aspetti importanti sono rivelati nel Nuovo Testamento... È ovvio che la donna deve partecipare alla struttura viva e attiva del cristianesimo in modo tale da farne emergere le sue potenzialità, non ancora svelate."
«Viene l'ora, l'ora è venuta, in cui la vocazione della donna si svolge con pienezza, l'ora in cui la donna acquista nella società un›influenza, un irradiamento, un potere finora mai raggiunto. È per questo che, in un momento in cui l'umanità conosce una così profonda trasformazione, le donne illuminate dallo spirito evangelico possono tanto operare per aiutare l'umanità a non decadere».

(Mulieris Dignitatem)

Il ruolo della donna nel „salvare" il mondo moderno e l'uomo, e la sua responsabilità in questa missione sono fuori discussione. L'importanza della donna nella società e nella Chiesa è stata più volte esposta nei discorsi di Giovanni Paolo II:

„Nella nostra epoca i successi della scienza e della tecnica permettono di raggiungere in grado finora sconosciuto un benessere materiale che, mentre favorisce alcuni, conduce altri all'emarginazione. In tal modo, questo progresso unilaterale può comportare anche una graduale scomparsa della sensibilità per l'uomo, per ciò che è essenzialmente umano. In questo senso, soprattutto i nostri giorni attendono la manifestazione di quel

«genio» della donna che assicuri la sensibilità per l'uomo in ogni circostanza: per il fatto che è uomo! E perché «più grande è la carità.» (1 Cor. 13, 13).

(Mulieris Dignitatem)

Ogni donna, infatti, può scoprire il senso pieno della sua femminilità nello Spirito di Cristo, e diventare così una sorta di dono disinteressato per gli altri e, allo stesso tempo, ritrovare sé stessa. Come scrive il Santo Padre:

„Grazie al significativo confronto contenuto nella Lettera agli Efesini acquista piena chiarezza ciò che decide della dignità della donna sia agli occhi di Dio, Creatore e Redentore, sia agli occhi dell'uomo: dell'uomo e della donna. Sul fondamento del disegno eterno di Dio, la donna è colei in cui l'ordine dell'amore nel mondo creato delle persone trova un terreno per la sua prima radice. L'ordine dell'amore appartiene alla vita intima di Dio stesso, alla vita trinitaria. Nella vita intima di Dio, lo Spirito Santo è la personale ipostasi dell'amore. Mediante lo Spirito, Dono increato, l'amore diventa un dono per le persone create. L'amore, che è da Dio, si comunica alle creature: «l'amore di Dio è stato riversato nei nostri cuori per mezzo dello Spirito Santo, che ci viene dato» (Rom. 5, 5)

(Mulieris Dignitatem)

Dalle parole del Santo Padre consegue che la chiamata della donna ad essere accanto all'uomo e creare un'unità, permette all'amore di Dio di riversarsi nei cuori degli esseri creati a Sua immagine e somiglianza. Nel chiamare Sposo il Cristo e Sposa la Chiesa, possiamo vedere per analogia la conferma indiretta della verità sulla donna come sposa. Perché lo sposo è colui che ama. E la sposa è amata: è colei che sperimenta l'amore per poter ricambiare amore. Il Papa sottolinea che «La dignità della donna è strettamente legata *all'amore che sperimenta* per la sua stessa femminilità e, allo stesso tempo, *all'amore che a sua volta dona*». In questo modo viene confermata la verità sia sulla persona che sull'amore.

Dicendo che la donna è colei che dovrebbe sperimentare l'amore per poter amare, Giovanni Paolo II intende non solo la specifica modalità nuziale del matrimonio, ma una portata più universale, determinata dal fatto stesso di essere donna in relazione all'insieme delle relazioni umane e ai diversi modi di definire la convivenza e la cooperazione degli esseri umani, uomini e donne. E crede che:

„In questo contesto, ampio e diversificato, la donna rappresenta un valore particolare come persona umana e, nello stesso tempo, come quella persona concreta, per il fatto della sua femminilità. Questo riguarda tutte le donne e ciascuna di esse, indipendentemente dal contesto culturale in cui ciascuna si trova e dalle sue caratteristiche spirituali, psichiche e corporali, come, ad esempio, l'età, l'istruzione, la salute, il lavoro, l'essere sposata o nubile.

(Mulieris Dignitatem)

Il valore della vocazione della donna è legato anche alla capacità di sacrificarsi per gli altri, di donarsi a loro ogni giorno.

„*Proprio la donna esprime la vocazione profonda della sua vita sacrificandosi ogni giorno per gli altri. Forse ancor più di un uomo, vede la persona, perché la vede con il cuore. La vede indipendentemente dai vari accordi ideologici o politici. La vede nella sua grandezza e nei suoi limiti, e cerca di incontrarla e di soccorrerla. In tal modo, nella storia dell'umanità, si realizza il disegno fondamentale del Creatore e in vari modi costantemente manifesta la bellezza - non solo fisica, ma soprattutto spirituale - di cui Dio ha dotato fin dall'inizio l'uomo, e in particolare la donna.*"

(IV Conferenza Mondiale delle Donne a Pechino, 29 giugno 1995)

„*Se il diritto di accesso a vari compiti pubblici deve essere accordato alle donne così come agli uomini, allora allo stesso tempo la società deve creare strutture tali che le donne e le madri sposate non siano praticamente costrette a lavorare fuori casa, e che la loro le famiglie possano vivere con dignità e prosperare anche quando una donna si dedica interamente alla propria famiglia.*

Occorre inoltre superare la mentalità secondo cui per una donna è più onorevole lavorare fuori casa piuttosto che lavorare in famiglia. Ciò richiede, tuttavia, che gli uomini rispettino e amino la donna con tutto il rispetto per la sua dignità, e che la società crei e sviluppi condizioni favorevoli al lavoro domestico."

(Familiaris Consortio)

Il Papa solleva anche la questione del lavoro delle donne all'interno della famiglia e ne sottolinea l'importanza e il peso. Egli scrive che:

„Questo lavoro dovrebbe essere apprezzato a fondo. Lo sforzo di ogni donna associato alla nascita di un bambino, con la sua cura, alimentazione e educazione, soprattutto nei primi anni, è così grande che nessun lavoro professionale può eguagliarlo."
(Lettera alle famiglie di Gratissimam Sane)

Fr. Piotr Kroczek ricorda due proposte fatte dal Santo Padre ai datori di lavoro. La prima riguarda il lavoro domestico della donna che dovrebbe „trovare il giusto riconoscimento nell'attuale diritto del lavoro". La seconda è che la maternità delle donne dovrebbe dare „un sufficiente titolo al giusto compenso, indispensabile per mantenere la famiglia nella fase così importante della sua esistenza". Il Papa stesso, nella lettera inviata alla IV Conferenza Mondiale delle Nazioni Unite dedicata alla Donna del 26 maggio 1995, fa presente che:

"Il problema che la maggior parte delle società deve affrontare è riaffermare o, meglio, rafforzare il ruolo della donna nella famiglia ed allo stesso tempo creare tali condizioni affinché possa utilizzare i suoi talenti nel processo di costruzione della società godendo dei loro pieni diritti. Tuttavia, una maggiore partecipazione delle donne al mondo del lavoro, alla vita pubblica e ai processi decisionali sociali in generale, in condizioni di parità con gli uomini, continuerà a porre problemi se i costi saranno sostenuti dal settore privato. Lo Stato è obbligato ad agire in questo campo secondo il principio di sussidiarietà, che dovrebbe essere attuato attraverso opportune iniziative legislative e di politica previdenziale. Nelle condizioni di un'economia di libero mercato incontrollata, ci sono poche possibilità che le donne riescano a superare gli ostacoli sul loro cammino."

Il Santo Padre non aveva dubbi sul fatto che la pari dignità e responsabilità di uomini e donne giustifichi pienamente l'accesso delle donne ai compiti pubblici. Sottolineava tuttavia che la vera promozione della donna richiede un chiaro riconoscimento del valore dei suoi compiti materni e familiari, in relazione a tutti gli altri compiti pubblici e professioni. Scrive, tra l'altro, che:

„Questi compiti e queste professioni devono completarsi a vicenda se lo sviluppo sociale e culturale deve essere veramente e pienamente umano. Ciò sarà facilitato se (...) una rinnovata "teologia del lavoro" illumini e approfondisca l'importanza del lavoro nella vita cristiana e stabilisca il legame fondamentale che esiste tra lavoro e famiglia, e quindi l'originaria e irrinunciabile importanza del lavoro per la casa e l'educazione dei figli."

(Esortazione Apostolica Familiaris Consortio)

Pertanto, il Papa richiama l'attenzione sul ruolo speciale delle donne come mogli e madri. Nelle sue riflessioni, il dott. padre Tadeusz Syczewski ha fatto riferimento anche al lavoro della donna all'interno della famiglia, sottolineato con chiarezza da Giovanni Paolo II:

„Mentre si aprono davanti alle donne le prospettive del lavoro professionale nella società e dell'apostolato nella Chiesa, nulla può essere paragonato alla straordinaria dignità che porta la maternità, quando è vissuta in tutte le sue dimensioni".

(I compiti della famiglia cristiana nel mondo moderno)

„*La maternità comporta, fin dall'inizio, un'apertura speciale a una persona nuova: è proprio questo il destino della donna. (...) Questo singolare modo di comunicare con l'uomo nuovo, emergente, crea a sua volta un rapporto con l'uomo - non solo con il proprio figlio, ma con l'uomo in generale - che caratterizza profondamente l'intera personalità di una donna".*

(Mulieris Dignitatem)

Per sottolineare ulteriormente la dignità soprannaturale della maternità, il Santo Padre, utilizzando parole della liturgia, ha dichiarato che:

„*La prima condizione per il rispetto dei diritti inviolabili della persona umana è il rispetto della madre e il culto della maternità.*"

(Compiti della famiglia cristiana nel mondo moderno)

Le parole sopra riportate possono essere integrate da quanto Giovanni Paolo II afferma a proposito dell'essenza della maternità:

„*L'essenza della maternità consiste nel riferimento ad una persona. È sempre il rapporto unico e irripetibile delle persone: madre e figlio, e figlio e madre. Anche quando la stessa donna è madre di numerosi figli, il suo rapporto personale con ciascuno di essi caratterizza la maternità nella sua stessa essenza. Perché ogni bambino nasce in modo unico e irripetibile, sia per la madre che per il bambino. Ciascuno di essi, in modo unico e irripetibile, è travolto da quell'amore materno su cui si basa la sua educazione e maturazione dell'umanità.*"

(Redemptoris Mater, 45)

Nella già citata lettera inviata alla IV Conferenza mondiale sulla Donna delle Nazioni Unite, Giovanni Paolo II esprime la sua posizione anche di fronte all'opinione diffusa secondo cui la maternità limiterebbe la donna, rendendole difficile l'equilibrio tra vita privata e professionale:

„*...è necessario combattere l'erronea visione secondo cui la maternità schiavizza le donne, che il loro attaccamento alla famiglia, soprattutto ai figli, non permette loro di realizzare le loro aspirazioni personali e che alle donne come categoria viene impedito di partecipare attivamente alla vita sociale. Non solo i bambini, ma anche le donne e la società stessa soffrono quando le donne vengono costrette a sentirsi in colpa per voler restare a casa a crescere e prendersi cura dei figli. Piuttosto, la presenza della madre nella famiglia, così importante per la permanenza e la crescita di questa cellula sociale fondamentale, va apprezzata, lodata e sostenuta in ogni modo possibile.*"

(4a Conferenza mondiale delle Nazioni Unite sulle donne, 26 maggio 1995)

Secondo Giovanni Paolo II il ruolo primario nella crescita dei figli è sempre svolto dalla madre. Grazie al rapporto speciale che ha con il bambino, gli fornisce un senso di sicurezza e di fiducia senza i quali non le sarebbe possibile sviluppare adeguatamente la sua identità personale e stabilire relazioni adeguate col prossimo. Questo rapporto si traduce anche in educazione religiosa, perché questo consente al cuore e alla mente del bambino di essere diretti verso Dio molto prima che inizi l'insegnamento religioso formale. Tuttavia questa missione è così importante e delicata che nessuna mamma dovrebbe essere lasciata sola nel realizzarla. Solo la presenza e la cura di entrambi i genitori, nonché la qualità del legame tra i coniugi, possono influenzare positivamente lo sviluppo e il comportamento dei figli e le loro relazioni con gli altri.

Le considerazioni sopra esposte mostrano che il tempo dedicato alla crescita dei figli è particolarmente prezioso, in quanto determina il futuro della persona, della famiglia e dell'intera società. Ciò ha rilevanza anche per la pace nel mondo, come ha ricordato Giovanni Paolo II nel suo messaggio:

„Per educare alla pace, la donna deve innanzitutto coltivarla dentro di sé. La fonte della pace interiore è la consapevolezza di essere amati da Dio e la volontà di rispondere al Suo amore. (…) [è quindi necessario che le donne] con la loro vita e la loro azione diventino educatrici di pace: siano testimoni, predicatrici, maestre di pace nei rapporti tra le persone e tra le generazioni, nella famiglia, nella vita culturale, sociale e politica delle nazioni, soprattutto dove ci sono conflitti e guerre. Possano continuare nel cammino verso la pace, che molte donne hanno già percorso prima di loro, testimoniando coraggio e lungimiranza!
(Messaggio per la XXVIII Giornata Mondiale della Pace, Vaticano, 8 dicembre 1994)

Come si può vedere la posizione della donna, la sua dignità, l'importanza della sua vocazione, il suo rilevante ruolo sia nella famiglia che nella società, nonché la sua forza spirituale e morale sono temi trattati molto spesso nei discorsi del Papa. Egli apprezzava il „genio della donna", la sua capacità di amare e di essere amata, di donare e di ricevere. Le sue parole sono un dono estremamente prezioso per tutte le donne.

Vorrei infine citare un altro passo della lettera apostolica *Mulieris Dignitatem*, nella quale il Santo Padre Giovanni Paolo II scrive:

„La Chiesa, dunque, rende grazie per tutte le donne e per ciascuna: per le madri, le sorelle, le spose; per le donne consacrate a Dio nella verginità; per le donne dedite ai tanti e tanti esseri umani, che attendono l'amore gratuito di un'altra persona; per le donne che vegliano sull'essere umano nella famiglia, che è il fondamentale segno della comunità umana; per le donne che lavorano professionalmente, donne a volte gravate da una grande responsabilità sociale; per le donne «perfette» e per le donne «deboli» per tutte: così come sono uscite dal cuore di Dio in tutta la bellezza e ricchezza della loro femminilità; così come sono state abbracciate dal suo eterno amore; così come, insieme con l'uomo, sono pellegrine su questa terra, che è, nel tempo, la «patria» degli uomini e si trasforma talvolta in una «valle di pianto»; così come assumono, insieme con l'uomo, una comune responsabilità per le sorti dell'umanità, secondo le quotidiane necessità e secondo quei destini definitivi che l'umana famiglia ha in Dio stesso, nel seno dell'ineffabile Trinità."

(Mulieris Dignitatem)

Seguendo le parole del Papa, care Donne, vi ringraziamo …

Uomo

„*Felice il marito che con timore di Dio accetta il gran dono dell'amore della moglie e lo ricambia*"
(Amatevi)

Nelle considerazioni precedenti è stato trattato ripetutamente il tema dell'uguaglianza e della dignità della donna, in quanto persona umana, nei confronti dell'uomo.

Oltre che dal punto di vista della donna, questa dinamica si rivela importante anche dalla prospettiva dell'uomo. Giovanni Paolo II ha sottolineato varie volte che solo il rispetto e la comprensione reciproci possono determinare la solidità e il valore di un rapporto.

„L'autentico amore coniugale suppone ed esige che l'uomo porti profondo rispetto per l'eguale dignità della donna: «Non sei il suo padrone - scrive san Ambrogio - bensì il suo marito; non ti è stata data schiava, ma in moglie... Ricambia a lei le sue attenzioni verso di te e sii ad essa grato del suo amore. Con la sposa l'uomo deve vivere «una forma tutta speciale di amicizia personale». Il cristiano poi è chiamato a sviluppare un atteggiamento di amore nuovo, manifestando verso la propria sposa la carità delicata e forte che Cristo ha per la Chiesa"

(Esortazione Apostolica Familiaris. Consortio)

L'uguaglianza tra donna e uomo, sottolineata dal Santo Padre, fa riferimento anche al sentirsi pienamente maschio da parte dell'uomo. La sua dignità e il suo ruolo di marito si fondano su un dialogo d'amore e sulla capacità di apprezzare la moglie. Il Papa sostiene che:

„L' uomo trova nella donna un interlocutore con il quale vuole condurre un dialogo sulla base di piena uguaglianza. Questa sete, che nessun altro essere vivente può saziare, si spiega con l'esclamazione di ammirazione che erompe dalle labbra di un uomo alla vista di una donna, secondo la suggestiva immagine biblica, ricavata dalla sua costola: "Questo è osso delle mie ossa

e carne della mia carne!" (Genesi 2:23). Questo è il primo grido d'amore mai udito sulla terra!"

(Messaggio per la XXVIII Giornata Mondiale della Pace, Città del Vaticano 8 dicembre 1994)

L'amore, la capacità di riceverlo e di donarsi all'altro, determina l'essenza del matrimonio, fondato sul legame tra un uomo e una donna. Le donne, secondo Giovanni Paolo II, hanno una naturale capacità di amare. E gli uomini? Sanno dare amore o si lasciano semplicemente amare? Ebbene, il Santo Padre ritiene che la capacità di amare non sia solo una questione di genere. Egli afferma:

„Solo chi è capace di „possedere" la propria anima, di possedere sé stesso, è capace di amare veramente e pienamente: possedere per diventare "dono per gli altri". Tutto questo Cristo ci insegna non solo con la sua parola, ma anche con il suo esempio."

(omelia, Città del Vaticano, 24 febbraio 1981)

Nelle donne questa capacità è naturale, anche se nella storia dell'umanità ci sono esempi di donne incapaci di amare, che agiscono contro la loro femminilità e vocazione. Gli uomini imparano l'amore sia nel riceverlo che nel donarlo ad un'altra persona. Ecco perché Giovanni Paolo II rivolge ripetutamente un appello agli uomini:

„E voi, mariti, amate le vostre mogli, come Cristo ha amato la Chiesa e ha dato sé stesso per essa, per renderla santa, purificandola per mezzo del lavacro dell'acqua accompagnato dalla parola, al fine di farsi comparire davanti la sua Chiesa tutta gloriosa, senza macchia né ruga o alcunché di simile, ma santa e immacolata. Così anche i mariti hanno il dovere di amare le mogli come il proprio corpo, perché chi ama la propria moglie ama sé stesso. Nessuno mai, infatti, ha preso in odio la propria carne; al contrario la nutre e la cura, come fa Cristo con la Chiesa, poiché siamo membra del suo corpo. Per questo l'uomo

Uomo

lascerà suo padre e sua madre e si unirà alla sua donna e i due formeranno una carne sola." (Efesini 5,25-31)

(Teologia del matrimonio).

Il Santo Padre è anche convinto che:

„ …il secondo racconto della creazione assegna all'uomo «fin dal principio» il ruolo di colui che soprattutto riceve il dono (vedi Gen. 2,23). La donna è affidata "fin dall'inizio" ai suoi occhi, alla sua consapevolezza, alla sua sensibilità, al suo "cuore", ed è lui che deve garantire, in un certo senso, il processo stesso dello scambio del dono, quella reciproca trasformazione del dare e del ricevere, che proprio attraverso questa reciprocità costituisce un'autentica comunione di persone."

(Teologia del matrimonio)

Se dunque nel mistero della creazione la donna viene "data" all'uomo ed egli la riceve come dono, in tutta la verità della sua persona e femminilità, anche lui diventa il dono per lei nella reciproca relazione.

Il Santo Padre sottolinea che:

„Questo dono maschile - risposta al dono della donna - è un dono per l'uomo stesso, perché in lui si manifesta l'essenza distintiva della sua mascolinità, raggiungendo attraverso tutta l'evidenza del corpo e del sesso la stessa profondità del "dominio di sé" attraverso il quale l'uomo è capace sia di donarsi sia di accogliere il dono dell'altro. Così, l'uomo non solo accetta il dono, ma allo stesso tempo viene accolto come dono dalla donna in questo rivelando con tutta la verità del suo corpo e del suo sesso l'essenza interiore, spirituale della mascolinità.

Così ricevuto nello stesso tempo accetta in ricambio il dono della sua mascolinità.

Ne segue che in tale accettazione l'uomo ritrova sé stesso attraverso "un dono disinteressato di sé" diventando una fonte di un nuovo e profondo dono alla donna."

(Teologia del matrimonio)

Lo scambio sopra descritto è quindi reciproco, e questa reciprocità vale anche per gli effetti manifestanti e crescenti di questo "dono disinteressato" e del "ritrovare sé stessi».

Il primo ruolo dell'uomo nella famiglia è quello di essere marito, e la sua vocazione riguarda la donna che diventerà sua moglie. Il Papa sottolinea che, nel disegno creativo di Dio, è la donna a dare un senso nuovo all'esistenza dell'uomo. Solo lei può riempire il vuoto nella sua vita, liberarlo dal sentimento di solitudine e diventare per lui un aiuto adeguato. Inoltre, la donna affascina e sorprende costantemente l'uomo, il suo sposo. Grazie a questo, rapportandosi alla donna quale moglie e madre l'uomo esprime la sua identità e si afferma come marito e padre. Egli deve quindi essere consapevole del suo dono e della sua vocazione, come più volte ci ricorda Giovanni Paolo II:

„All'interno della comunione-comunità coniugale e familiare, l'uomo è chiamato a vivere nella consapevolezza del suo dono e del suo ruolo di marito e di padre. Nella moglie l'uomo vede il compimento del disegno di Dio. «Non è bene che l'uomo sia solo; perciò, gli farò un aiuto adatto a lui" e fa suo il grido di Adamo, il primo sposo: "Questa finalmente è ossa delle mie ossa e carne della mia carne!"

(Familiaris Consortio)

Nei suoi discorsi e nei suoi scritti, il Santo Padre ha dimostrato anche che grazie all'amore per la moglie diventata madre, e all'amore per il figlio, l'uomo è in grado di comprendere e realizzare la propria paternità in modo naturale. E questa, oltre a quella di essere marito, è la sua vocazione. Scrive il Papa che:

„Quando, con l'Apostolo, pieghiamo le ginocchia davanti al Padre, dal quale ha inizio ogni paternità (cfr. Efes. 3,14-15), sappiamo che la genitorialità è l'evento attraverso il quale la famiglia, già costituita dal patto matrimoniale, si realizza «in un senso pieno e speciale».
La maternità si realizza attraverso la paternità e, allo stesso tempo, la paternità attraverso la maternità, come frutto di quella dualità vivificante di cui il Creatore fin dalle origini ha dotato l'essere umano.

(Gratissimam Sane)

Secondo il Papa la paternità è associata a maturità e grande responsabilità nei confronti della famiglia e della sua cura:

„L'uomo, manifestando e sperimentando sulla terra la paternità di Dio stesso, è chiamato ad assicurare un uguale sviluppo a tutti i membri della famiglia. Egli adempirà questo compito attraverso la generosa responsabilità per la vita concepita nel grembo materno, attraverso l'attento esercizio del dovere educativo condiviso con la sposa, attraverso il lavoro che non disgrega mai la famiglia, ma la mantiene unita e stabile, attraverso la testimonianza di una vita cristiana matura che introduca efficacemente i bambini nell'esperienza viva di Cristo e della Chiesa."

(Familiaris Consortio)

Giovanni Paolo II, riferendosi alla mascolinità dell'uomo, richiama l'attenzione anche sull'allentamento dei costumi e dei legami interpersonali, mostrando come il fenomeno della disgregazione familiare sia sempre più frequente. Non si tratta solo del divorzio dei coniugi, ma anche dell'evasione da parte dell'uomo dal ruolo di marito e padre, trascurando la famiglia o abusando di essa, sia in forma fisica che psichica. Sottolinea che:

„Soprattutto là dove le condizioni sociali e culturali spingono facilmente il padre ad un certo disimpegno rispetto alla famiglia o comunque ad una sua minor presenza nell'opera educativa, è necessario adoperarsi perché si recuperi socialmente la convinzione che il posto e il compito del padre nella e per la famiglia sono di un'importanza unica e insostituibile. Come l'esperienza insegna, l'assenza del padre provoca squilibri psicologici e morali e difficoltà notevoli nelle relazioni familiari, come pure, in circostanze opposte, la presenza oppressiva del padre, specialmente là dove è ancora in atto il fenomeno del «machismo», ossia della superiorità abusiva delle prerogative maschili che umiliano la donna e inibiscono lo sviluppo di sane relazioni familiari."

(Familiaris Consortio)

Tornando alla responsabilità dell'uomo verso la famiglia, è necessario sottolineare il suo ruolo tradizionale di persona che provvede al sostentamento della moglie e dei figli. Per molti secoli e generazioni, il lavoro era uno dei doveri fondamentali per l'uomo. Il suo scopo era quello di ottenere i necessari mezzi economici atti a garantire l'esistenza della famiglia. Secondo Giovanni Paolo II, questa diffusa opinione è inaccettabile, perché riduce il ruolo dell'uomo nella famiglia a questo solo dovere, e conferma così la validità dell'assurdo detto: „Un buon padre è colui che non si ubriaca e porta a casa molti soldi." Il Papa non nega che il lavoro sia necessario, ma è del parere che esso non deve ostacolare o impedire all'uomo di adempiere ai tanti altri compiti che egli ha nei confronti della moglie e dei figli.

L' evidente riflessione è di quanto la nostra attuale realtà sia lontana da questa ovvia regola.

Anticipando la domanda del perché questo capitolo dedicato all'uomo sia così limitato rispondo chiarendo anzitutto che non è che Giovanni Paolo II prestasse maggiore attenzione alle donne, così come me, per il solo fatto di essere donna. Molto semplicemente si tratta del fatto che il ruolo dell'uomo come capofamiglia, come marito e padre, come persona umana è chiaro e immutato da secoli. Non è necessario lottare perché esso si affermi nella coscienza sociale al fine di essere notato e apprezzato. A questo proposito c'è quindi poco da trasmettere, pur essendone il contenuto molto importante. L'uomo, infatti, è il complemento della donna, il suo sposo, una delle dimensioni della sua vocazione. Solo loro due creano l'unità, la perfezione divina creata a Sua immagine e somiglianza.

Matrimonio

*Il matrimonio è la strada della santità,
anche quando diventa via crucis "
(omelia Nowy Sącz, 16 giugno 1999)*

La famiglia è sempre stata intesa come la prima e fondamentale espressione della natura sociale dell'uomo. Anche oggi viene intesa allo stesso modo. Prende origine dalla comunione matrimoniale, definita dal Concilio Vaticano II „patto". Il Santo Padre ha ripetuto che è proprio in questa alleanza che l'uomo e la donna si donano e si accettano reciprocamente. Il matrimonio in termini sacramentali è quindi un'alleanza di persone innamorate. «E l'amore può essere fondato e protetto solo dall'Amore, quell'Amore che «è stato riversato nei nostri cuori dallo Spirito Santo che ci è stato dato» (Rom. 5,5)»

(*Gratissimam Sane*)

Cos'è l'amore secondo Giovanni Paolo II?
Parlando ai giovani lo spiega così:

„Amare significa: stare con la persona che ami (io sono con te), significa allo stesso tempo: stare con l'Amore con cui sono amato. Amare significa ancora ricordare. In un certo modo camminare con l'immagine della Persona Amata negli occhi e nel cuore. Significa allo stesso tempo: contemplare questo Amore con cui sono amato ed esplorare sempre più la sua grandezza divina e umana. Amare significa, infine, vegliare."

(Discorso ai giovani, Częstochowa, 18 giugno 1983)

Molte volte il Papa sottolineava l'essenza e il ruolo dell'amore nella vita dell'uomo, inteso come maschio e femmina.

„L'uomo non può vivere senza amore. L'uomo resta un essere incomprensibile a se stesso, la sua vita è priva di senso, se non gli viene rivelato l'Amore, se non incontra l'Amore, se non lo tocca e non lo fa in qualche modo suo, se non ne trova una partecipazione viva."

(Redemptor hominis)

Secondo il Santo Padre, molto dipende dall'amore, sia nella vita di un individuo che nell'intera società, nazione e persino nel mondo. Egli dice:

„...non c'è felicità, non c'è futuro dell'uomo e della nazione senza l'amore, questo amore che perdona, benché non dimentichi, che è sensibile alla miseria degli altri, non cerca il proprio tornaconto, ma desidera il bene degli altri; l'amore che serve, dimentica se stesso ed è disposto a donare con generosità. Siamo dunque chiamati a costruire il futuro basato sull'amore di Dio e del prossimo per edificare la civiltà dell'amore"

(Omelia, Sopot, 5 giugno 1999)

Il concetto di „civiltà dell'amore" nell'insegnamento della Chiesa non solo è stato accettato, ma addirittura inserito e consolidato. Il termine „civiltà" deriva dalla parola latina *civis*, che significa *cittadino*, e sottolinea la dimensione politica di ogni essere umano. Tuttavia, il significato più profondo di questa espressione non è affatto politico, ma umanistico. La civiltà, infatti, appartiene alla storia dell'uomo, corrispondendo alla sua spiritualità e moralità: «creato ad immagine e somiglianza di Dio, egli ha ricevuto il mondo dalle mani del Creatore con il compito di crearlo a sua immagine e somiglianza." In questo compito e nel suo adempimento sta la fonte stessa della civiltà, che in ultima analisi dovrebbe essere intesa come „umanizzazione" del mondo.

Secondo l'insegnamento del Papa, anche il matrimonio deve costituire una comunità ecclesiale. La sua forza motrice è lo Spirito Santo, che è «*fonte viva e nutrimento inesauribile della comunione soprannaturale che raduna e lega i credenti a Cristo e tra loro nell'unità della Chiesa di Dio*» (*Familiaris Consortio*).

I cristiani nell'antichità chiamavano giustamente tale comunità "Chiesa domestica".

Il matrimonio come sacramento ecclesiale si contrae attraverso le parole pronunciate dai suoi ministri, cioè dagli sposi novelli, che nell'ordine intenzionale significano ciò che (o meglio: chi) entrambi intendono essere d'ora in poi l'uno per l'altro ed insieme. Giovanni Paolo II, riferendosi

Matrimonio

alle parole: „Ti prendo come mia moglie", „Ti prendo come mio marito", ha scritto che:

> *„…queste parole sono al centro della liturgia del matrimonio come sacramento della Chiesa. Queste parole vengono pronunciate dai fidanzati, inserendole nella formula del voto sacramentale:*
> *„Ti prometto amore, fedeltà e onestà coniugale – e che non ti lascerò fino alla morte". E la promessa viene completata con il giuramento: „Così sia – con l'aiuto di Dio Onnipotente e Trino e di tutti i Santi". Con queste parole contraggono il matrimonio e nello stesso tempo lo ricevono come sacramento del quale entrambi sono ministri."*
>
> (La teologia del matrimonio)

Le parole del voto matrimoniale sopra citate portano con sé una valenza eterna, ma ogni volta unica e irripetibile, un „linguaggio del corpo" e collocandolo nel contesto della comunione delle persone. L'uomo e la donna diventano reciprocamente dono, dono nella loro mascolinità e femminilità. Scoprono il significato sponsale del corpo e lo mettono in relazione reciproca in modo irreversibile, perché nella dimensione dell'intera vita.

Secondo il Papa:
> *„Le parole del voto matrimoniale determinano ciò che costituisce il bene comune: prima del matrimonio e poi della famiglia. Il bene comune dei coniugi è l'amore, la fedeltà e l'onestà coniugale nonché la durata del loro rapporto „fino alla morte". Questo bene per entrambi è il bene anche per ciascuno di loro. A sua volta, deve diventare il bene dei loro figli".*
>
> (Gratissimam Sane)

Giovanni Paolo II ricorda che l'uomo lascia il padre e la madre per unirsi alla moglie (Gen. 2,24) il che significa che fa una scelta libera e consapevole che dà inizio all'alleanza matrimoniale e fa diventare figlio della famiglia il marito e figlia la moglie. Cristo nel Vangelo, parlando con i farisei, cita le stesse parole, aggiungendo: «Dunque non sono più due, ma una sola carne. Quello che Dio ha congiunto, l'uomo non lo separi" (Matteo 19,6). Questa scelta consapevole e libera si fonda sull'amore: il carattere dell'unione coniugale è coronato dalle parole: «Chi ama sua moglie ama sé stesso» (Efesini 5:28). L'amore fa sì che l'altro „io" diventi, per così dire, il proprio „io", cioè l'„io" della moglie diventa, attraverso l'amore, in un certo modo l'„io" del marito, e viceversa.

Giovanni Paolo II lo spiega così:

„È l'unione morale, condizionata dall'amore e plasmata dall'amore. L'amore non solo unisce i due soggetti, ma permette loro di compenetrarsi appartenendo spiritualmente l'uno all'altro, così l'autore della lettera può sostenere che: "chi ama sua moglie ama sé stesso». «Io» diventa in un certo senso «tu» e «tu» diventa «io» (in senso morale, ovviamente)."

(Teologia del matrimonio)

Secondo il Papa ogni tipo di amore - coniugale, genitoriale, comunitario - viene da Dio:

„Il Vangelo dell'amore è la fonte inesauribile di tutto ciò che nutre la famiglia umana come "comunione di persone". Nell'amore l'intero processo educativo trova sostegno e significato ultimo come frutto maturo dell'amore dei genitori. Nonostante tutte le difficoltà, tutte le sofferenze e le delusioni che accompagnano il processo educativo dell'essere umano, l'amore è sottoposto ad una continua grande prova. Per superare questo esame, c'è bisogno di una fonte di forza spirituale. Questa fonte è sempre in Colui che «amò fino alla fine» (Gio. 13,1).

(Gratissimam Sane)

Il Santo Padre aggiunge anche che:

"L'amore tra l'uomo e la donna nel matrimonio (…) è animato e sospinto da un interiore e incessante dinamismo, che conduce la famiglia ad una comunione sempre più profonda ed intensa, fondamento e anima della comunità coniugale e familiare."

(Familiaris Consortio)

La comunione tra gli sposi è la prima a sorgere e a svilupparsi. In forza dell'alleanza dell'amore coniugale, l'uomo e la donna «non sono più due, ma una sola carne», e la loro vocazione è quella di tendere a una crescita continua in questa comunione «attraverso la fedeltà quotidiana alla promessa coniugale di totale dono reciproco». Come afferma Giovanni Paolo II:

"Questa comunione coniugale affonda le sue radici nella naturale complementarità che esiste tra l'uomo e la donna, e si alimenta mediante la volontà personale degli sposi di condividere l'intero progetto di vita, ciò che hanno e ciò che sono: perciò tale comunione è il frutto e il segno di una esigenza profondamente umana. Ma in Cristo Signore, Dio assume questa esigenza umana, la conferma, la purifica e la eleva, conducendola a perfezione col sacramento del matrimonio."

(Familiaris Consortio)

Secondo l'insegnamento del Papa l'amore è essenzialmente un dono. L'amore coniugale porta gli sposi alla reciproca „conoscenza" che li rende „una sola carne". Allo stesso tempo non si esaurisce in loro due, ma li rende capaci di quella grande dedizione, grazie alla quale diventano collaboratori di Dio, donando la vita ad una nuova persona.

«In tal modo, donandosi reciprocamente, gli sposi producono una realtà nuova: il figlio, riflesso vivo del loro amore, segno permanente dell'unione coniugale, sintesi viva e inscindibile di paternità e maternità».

(*Familiaris Consortio*).

Giovanni Paolo II sottolinea inoltre che la prospettiva comunitaria del matrimonio richiede nella famiglia una luce nuova per vedere i diritti e i doveri della donna, i compiti dell'uomo come marito e padre, nonché il ruolo dei figli e degli anziani. Va tenuto presente che non si tratta solo di diritti e obblighi di natura organizzativa, giuridica o sociale, ma anche di dimensione spirituale. Il Papa parla anche della necessità di rispettare la distinzione tra vocazione dell'uomo e vocazione della donna, così come esprime preoccupazione per la dignità della donna e l'essenza della paternità, che va intesa attraverso il suo «amore per la moglie divenuta madre e l'amore per i figli. Qui sorgono «la grazia e l'esigenza di un'autentica e profonda spiritualità coniugale e familiare»

(*Familiaris Consortio*).

Il Papa sottolinea anche che da questo amore, inteso come dimensione essenziale della spiritualità coniugale, scaturiscono l'ospitalità e l'apertura verso gli altri. Quindi bisogna capire:

„...che ruolo importante gioca la spiritualità nella famiglia. La partecipazione comune alla santa messa, le preghiere della sera, il rosario recitato insieme, l'adesione a valori comuni che diventano il fondamento della famiglia."

(Teologia del matrimonio)"

Oltre alla condivisione di valori comuni, la preghiera familiare è importante anche per la spiritualità dei coniugi e delle persone esterne alla famiglia.

L'enciclica *Humanae vitae* ci permette di costruire un quadro della spiritualità matrimoniale. Secondo il suo messaggio:

„È la spiritualità nella quale, tenendo conto dell'ordine „biologico" e contemporaneamente sulla base della purezza sostenuta dal donum pietatis, si forma l'armonia interiore del matrimonio, legata a quella che l'enciclica definisce „la duplice funzione del segno". Questa armonia fa sì che gli sposi convivono tra loro nella verità interiore del «linguaggio del corpo».

(Humanae Vitae)

Il legame che esiste tra questa „verità" e l'amore è inviolabile.
Il Santo Padre spiega inoltre che:

„Il dono della riverenza che lo Spirito Santo ispira agli sposi è di grande importanza per questi „segni di amore", perché va di pari passo con la capacità di stupirsi e ammirare profondamente, con la concentrazione disinteressata sulla „visibile" e allo stesso tempo „invisibile" bellezza della femminilità o della mascolinità - infine: un profondo senso di donazione disinteressata all'„altro".

(Teologia del matrimonio)

Don Marek Chmielewski nel suo studio *La spiritualità secondo Giovanni Paolo II* indica che l'effetto di questo potere spirituale del matrimonio e della famiglia nella dimensione sociale è la sua sovranità spirituale, ed il suo valore derivato è il potere spirituale e la forza della nazione. Il Papa lo conferma con queste parole:

„Una nazione veramente sovrana e spiritualmente forte è sempre composta da famiglie forti: famiglie consapevoli della propria vocazione e missione nella storia. La famiglia è sempre al centro di tutte queste questioni e compiti".

(Gratissimam Sane)

Nel contesto della famiglia, e soprattutto del matrimonio, Giovanni Paolo II usa spesso due espressioni, riferendosi a questioni diverse, anche se collegate. La prima, più generale, è la civiltà dell'amore, la seconda, più specifica, è la genitorialità responsabile. E soprannomina l'*Inno dell'Amore* dalla Prima Lettera di S. Paolo ai Corinzi la Grande Carta della civiltà dell'amore. Sottolinea che:

„Non si tratta solo di manifestazioni individuali (sia egoismo che altruismo), ma soprattutto di accettare la definizione di essere umano come persona che "si realizza" attraverso il dono disinteressato di sé. Il dono è, certo, dono per l'altro, «per gli altri»: questa è la dimensione più importante della civiltà dell'amore."

(Gratissimam Sane)

Non sarà una grande scoperta affermare che all'uomo non bastano le relazioni puramente funzionali. Egli ha bisogno di relazioni interpersonali profonde, che raggiungono la sua interiorità esprimendo un dono di sé del tutto gratuito. Tra questa tipologia di legami, un ruolo fondamentale rivestono i rapporti all'interno della famiglia, soprattutto tra i coniugi e tra genitori e figli. Il Santo Padre sottolinea che:

"Tutta la vasta rete delle relazioni umane nasce e si rinnova costantemente grazie al legame in cui l'uomo e la donna riconoscono di essere fatti l'uno per l'altro e decidono di unire le loro strade, formando un'unica comunità di vita: „Per questo, l'uomo abbandona suo padre e sua madre e si unisce così strettamente a sua moglie da diventare una sola carne» (Genesi 2:24) Un corpo solo! È difficile non vedere tutta la potenza di questa espressione! Nell'interpretazione biblica la parola „corpo" non si riferisce soltanto alla natura fisica dell'uomo, ma alla sua intera identità spirituale e corporea. I coniugi creano non solo una comunità di corpi, ma una vera unità di persone. Questa unità è così profonda che diventano nella realtà terrena un riflesso del Divino, „Noi" delle tre Persone della Santissima Trinità".

(Omelia durante la Santa Messa del, Giubileo delle Famiglie, 15 ottobre 2000)

Vale la pena qui ricordare che il Concilio Vaticano II, profondamente toccato dalla questione dell'uomo e della sua vocazione, afferma che: «L'unione coniugale, «*una sola carne*» (*una caro*) biblica, non può essere pienamente compresa e spiegata se non in termini di „persona" e „dono". Ogni uomo e ogni donna non realizzano pienamente sé stessi non attraverso il dono disinteressato di sé". Giovanni Paolo II, in una lettera indirizzata alle famiglie (*Gratissimam Sane*), integra così questo messaggio:

"Il momento dell'unione coniugale è l'esperienza più speciale di questo dono. Un uomo e una donna, in tutta la "verità" della loro mascolinità e femminilità, diventano in questo momento un dono reciproco l'uno per l'altro. Tutta la vita coniugale è un dono, ma è particolarmente attuale in quel momento in cui gli sposi, donandosi reciprocamente nell'amore, realizzano quell'incontro che li rende «una sola carne»."

Il momento del donarsi reciprocamente nell'amore è anche un momento di speciale responsabilità, per la potenziale genitorialità connessa all'atto coniugale. Sottolinea il Papa:

„*Proprio in questo momento possono diventare padre e madre, dando inizio al processo di una nuova esistenza umana, che a sua volta si realizza nella donna stessa. Lei è la prima a sapere di essere diventata madre e, grazie alla sua testimonianza, l'uomo con cui aveva "unità nella carne" si rende conto di essere diventato padre. Di questa genitorialità potenziale e poi attualizzata, lui è corresponsabile con lei."*

(Gratissimam Sane)

Alla luce delle considerazioni precedenti, è facile concludere che secondo il Santo Padre il matrimonio comporta una speciale responsabilità per il bene comune, prima dei coniugi e poi della famiglia. Questo bene comune è l'uomo con il suo valore di persona, misura della dignità umana. Non sorprende quindi il termine "genitorialità responsabile" usato da Giovanni Paolo II, perché essere genitori significa essere responsabili di una nuova vita. Gli insegnamenti papali mostrano anche che:

„*I coniugi imparano cosa sia la genitorialità responsabile dalla propria esperienza, e allo stesso tempo dall'esperienza di altre coppie sposate che vivono in circostanze simili, il che li rende anche più ricettivi agli insegnamenti. In un certo senso, quindi, i „docenti" imparano „dai coniugi" per insegnare loro con maggiore competenza cosa sia la genitorialità responsabile e come metterla in pratica."*

(Gratissimam Sane)

Il Santo Padre fa presente molte volte che:

„La paternità e la maternità suppongono la coesistenza e la interazione di soggetti autonomi. Ciò è quanto mai evidente nella madre quando concepisce un nuovo essere umano. I primi mesi della sua presenza nel grembo materno creano un particolare legame, che già riveste un suo valore educativo. (…) A questo influsso reciproco, (…) il padre non prende parte direttamente. Egli deve però impegnarsi responsabilmente ad offrire la sua attenzione ed il suo sostegno durante la gravidanza e, se possibile, anche al momento del parto. Per la «civiltà dell'amore» è essenziale che l'uomo senta la maternità della donna, sua sposa, come un dono: questo, infatti, incide enormemente sull'intero processo educativo. Molto dipende dalla sua disponibilità a prendere parte nel modo giusto a questa prima fase del dono dell'umanità, e a lasciarsi coinvolgere in quanto marito e padre nella maternità della moglie.

(Gratissimam Sane)

L'elemento più profondo e che meglio definisce la genitorialità, è, secondo il Santo Padre:

„L'amore paterno e materno, che trova compimento nell'opera educativa di perfetto servizio alla vita: l'amore genitoriale diviene fin dall'inizio l'anima, e così anche la norma, che ispira e orienta ogni concreta azione educativa, arricchendola di frutti preziosi di amore come la tenerezza, costanza, bontà, servizio, altruismo e spirito di sacrificio."

(Familiaris Consortio)

Secondo l'insegnamento di Giovanni Paolo II, l'educazione va intesa innanzitutto come un dono di umanità, e questo dono è duplice. I genitori, infatti, donano la loro umanità matura a un figlio, cioè a un essere umano appena nato, che a sua volta dona loro tutta la novità e la freschezza dell'umanità che porta con sé nel mondo. Non è forse giusto, allora, che la Chiesa chieda ai novelli sposi durante le nozze se desiderano «accogliere con amore e educare secondo la fede cattolica la prole che Dio loro darà?».

Il Santo Padre sottolinea che l'amore coniugale si esprime proprio nell'educazione come vero amore genitoriale:

„La «comunione di persone», che all'inizio della famiglia si esprime come amore coniugale, si completa e si perfeziona estendendosi ai figli con l'educazione. La potenziale ricchezza, costituita da ogni uomo che nasce e cresce nella famiglia, va responsabilmente assunta in modo che non degeneri né si disperda, ma, al contrario, si realizzi in una umanità sempre più matura. È pure questo un dinamismo di reciprocità, nel quale i genitori-educatori vengono, a loro volta, in certa misura educati. Maestri di umanità dei propri figli, essi la apprendono da loro."

(Gratissimam Sane)

Bisogna interpretarlo come azione del dono reciproco dell'amore e dell'umanità. Il Papa aggiunge:

„Se, nel donare la vita, i genitori prendono parte all'opera creatrice di Dio, mediante l'educazione essi diventano partecipi della sua paterna ed insieme materna pedagogia. La paternità divina, secondo san Paolo, costituisce il modello originario di ogni paternità e maternità nel cosmo (cfr. Efes . 3, 14-15), specialmente della maternità e paternità umana."

(Gratissimam Sane)

Quando si tratta del matrimonio, non si può tacere sul fatto che sia l'amore che questa alleanza devono essere coltivati. È necessario rispettarsi, accettarsi ed essere in reciproco ascolto. Bisogna prendersi cura l'uno dell'altro non solo singolarmente ma anche di „noi". Il Santo Padre lo ha chiamato dialogo coniugale e ne ha auspicato l'utilizzo da parte dei coniugi per coltivare il loro amore. Ha scritto, tra l'altro, che:

„Sforzandosi di sviluppare un atteggiamento di ascolto e di accettazione reciproca, cioè di sostenere e sviluppare l'amore tra i coniugi, si dovrebbe intraprendere la pratica del „dialogo coniugale". Attraverso un dialogo onesto, i coniugi possono esprimere il loro amore senza giudicare né temere il giudizio del coniuge, guidati da una legittima preoccupazione per la verità nei reciproci rapporti, mostrando tenerezza e cordialità che favoriscono il dialogo e lo sviluppo della personalità e sono fonte di felicità."
(Lettera all'Équipes Notre-Dame, 27 novembre 1997)

Secondo il Papa questo dialogo coniugale rappresenta:

„una testimonianza concreta della reciproca responsabilità coniugale che ciascuno accetta nel sacramento: la responsabilità di „essere testimoni di fede e di amore gli uni per gli altri e per i nostri figli."
(Lumen Gentium)

Conduce poi ad una profonda comunione e favorisce la crescita della personalità.

Entrambi i coniugi, costantemente rinnovati dal dialogo d'amore, che permette loro di costruire un legame autentico, possono vivere nella pace e nella gioia, e compiere tutti i loro doveri (coniugali e genitoriali).

„In questo modo danno una testimonianza convincente soprattutto ai propri figli. (…) Grazie al clima cordiale della vita familiare, aperta a tutti, i giovani possono superare le successive tappe di maturazione psicologica e spirituale".

C'è anche un aspetto morale nell'amore coniugale. Come ha sottolineato il Santo Padre, con la frase „Mariti, amate le vostre mogli, come anche Cristo ha amato la Chiesa", la Sacra Scrittura sottolinea un obbligo è morale.

„Ma perché tale dovere sia raccomandabile, bisogna ammettere che nell'essenza stessa del matrimonio si riflette e si realizza qualcosa di ciò che avviene tra Cristo e la Chiesa. Bisogna ammettere che nell'essenza stessa del matrimonio c'è qualche particella dello stesso mistero."

(Teologia del matrimonio)

Allo stesso tempo, l'espressione sopra citata ha un grande significato, poiché sottolinea la relazione reciproca tra un uomo e una donna nel matrimonio. L'amore coniugale è connesso con la vera unione e con la donazione disinteressata di sé all'altro. Secondo il Papa:

„Si tratta del desiderio nato nel clima dell'amore sponsale, che fa sì che «il dono sincero di sé» da parte della donna trovi risposta e completamento in un analogo «dono» da parte del marito. Solamente in base a questo principio tutt'e due, e in particolare la donna, possono «ritrovarsi» come vera «unità dei due» secondo la dignità della persona. L'unione matrimoniale esige il rispetto e il perfezionamento della vera soggettività personale di tutti e due."

(Mulieris Dignitatem)

Giovanni Paolo II sottolinea che:

„[Questo] dono porta con sé un'attenzione profonda e completa alla persona – abbraccia l'intera persona nella sua femminilità e mascolinità – e crea così un clima interiore dell'unione personale. Solo nel clima dell'unione personale dei coniugi matura adeguatamente la loro genitorialità, quella genitorialità che definiamo "responsabile".

(Teologia del matrimonio)

Pertanto, la logica del dono totale di sé per l'altro apre i coniugi alla loro potenziale genitorialità, perché in questo modo possano realizzarsi ancora più pienamente come famiglia.

„Naturalmente, il dono reciproco dell'uomo e della donna non ha come fine solo la nascita dei figli, ma è in sé stesso mutua comunione di amore e di vita. Sempre dev'essere garantita l'intima verità di tale dono. « Intima » non è sinonimo di « soggettiva ». Significa piuttosto essenzialmente coerente con l'oggettiva verità di colui e di colei che si donano. La persona non può mai essere considerata un mezzo per raggiungere uno scopo; mai, soprattutto, un mezzo di « godimento ». Essa è e dev'essere solo il fine di ogni atto. Soltanto allora l'azione corrisponde alla vera dignità della persona."

(Gratissimam Sane)

Il matrimonio è quindi sia il soggetto che l'oggetto del dono. Ed il suo dono più prezioso sono i figli. Giovanni Paolo II è del parere che, secondo il disegno di Dio, «il matrimonio è il fondamento di una comunità familiare più ampia, perché l'istituto stesso del matrimonio e l'amore coniugale sono finalizzati alla procreazione e all'educazione della prole, nella quale trovano il loro culmine». *(Familiaris Consortio)*

Per questo nei suoi discorsi e scritti evidenzia che:

„Felice è il marito che, nel timore di Dio, accetta il grande dono dell'amore della moglie e lo ricambia. Entrambi sono felici quando la loro unione coniugale è permeata di responsabilità per il dono della vita, che da questa unione ha origine.
È davvero un grande mistero e una grande responsabilità: dare la vita ad esseri nuovi, creati ad immagine e somiglianza di Dio. In nessun altro luogo Dio è così radicalmente presente nella sua azione verso l'uomo e in nessun altro luogo si rivela all'uomo così tangibilmente come nella sua azione creatrice, cioè come Datore del dono della vita umana".

(Amatevi, 2005, n. 3)

È chiaro ad ogni cristiano che senza amore la famiglia non è una comunità di persone, «senza amore non può vivere, crescere e perfezionarsi». Tuttavia il dono dell'amore è associato all'influenza sullo spirito umano e al suo rafforzamento interiore. Il Santo Padre si esprime così:

„L'Apostolo, piegando le ginocchia davanti al Padre, lo implora affinché «conceda di essere potentemente rafforzati dal suo Spirito nell'uomo interiore» (Efes. 3, 16). Questa «forza dell'uomo interiore» è necessaria nella vita familiare, specialmente nei suoi momenti critici, quando cioè l'amore, che nel rito liturgico del consenso coniugale è stato espresso con le parole: «Prometto di esserti fedele sempre, tutti i giorni della mia vita», è chiamato a superare un difficile esame."

(Gratissimam Sane)

Va inoltre ricordato che ogni persona umana, ogni donna e ogni uomo ha una propria identità, che è alla base della sua vita personale. Influisce anche sulla comprensione del matrimonio come comunione e alleanza.

Secondo il Papa:

„Tale identità consiste nella capacità di vivere nella verità e nell'amore; anzi, e ancor più, consiste nel bisogno di verità e di amore quale dimensione costitutiva della vita della persona. Tale bisogno di verità e di amore apre l'uomo sia a Dio che alle creature: lo apre alle altre persone, alla vita « in comunione », in particolare al matrimonio e alla famiglia."

(Gratissimam Sane)

Nella *Teologia del matrimonio* Giovanni Paolo II si riferisce alla prospettiva dell'esistenza umana radicata nella coscienza dell'umanità. Secondo il *Libro della Genesi*, egli afferma che entrambe le persone umane, l'uomo e la donna, sono stati creati per il matrimonio:

„L'uomo abbandonerà suo padre e sua madre e si unirà a sua moglie e i due saranno una sola carne» (2,24). In questo modo, a suo avviso, si apre una prospettiva grandiosa e creativa. Si tratta dell'esistenza, che si rinnova costantemente attraverso la procreazione (come „autoriproduzione").

Don Tadeusz Syczewski, nella sua opera *I compiti della famiglia cristiana nel mondo moderno*, sottolinea che i coniugi devono essere ben consapevoli che la vita nello spirito di complementarità è un grande dono che vogliono fare di sé stessi. Secondo le parole del Santo Padre: *„Il vero amore non è un sentimento vago o una passione cieca. È un atteggiamento interiore che abbraccia tutta la persona. (...) è il dono di sé".* Devono essere questo dono a sé stessi in ogni situazione della loro vita, nei momenti felici e in quelli tristi, dando di sé il meglio che hanno.

I coniugi cristiani sono apostoli non solo quando esercitano l'apostolato in senso stretto, ma anche quando assolvono i loro compiti nella propria famiglia in modo adeguato e secondo la loro vocazione. Gli ambiti più importanti dell'apostolato matrimoniale sono l'educazione dei figli, la loro preparazione ai propri compiti familiari, l'aiuto ai giovani sposi e l'aiuto alle famiglie in crisi, soprattutto a quelle a rischio di disgregazione.

Come dice Giovanni Paolo II:

„Tutti i coniugi sono chiamati alla santità nel matrimonio secondo la volontà di Dio, e questa vocazione si realizza nella misura in cui la persona è capace di rispondere al comandamento di Dio, animata da una serena fiducia nella grazia di Dio e nella propria volontà."

(Familiaris Consortio)

Il Concilio Vaticano II parla della chiamata di tutti i fedeli alla santità, precisando che i coniugi raggiungono questo scopo *"propriam viam sequentes"* - "andando per la propria strada". I coniugi «assolvendo i loro compiti coniugali e familiari in forza di questo sacramento, permeati dallo spirito di Cristo che riempie tutta la loro vita di fede, di speranza e di amore, si avvicinano (...) sempre più al raggiungimento della propria perfezione e della reciproca santificazione e da questa via la comune lode di Dio» (*Gaudium et Spes*). Il Papa ha inoltre sottolineato che:

„Potete perseguire la strada alla santità insieme, come sposi, e questo è un cammino bello, estremamente fruttuoso e importante dal punto di vista del bene della famiglia, della Chiesa e della società. Chiediamo quindi al Signore che siano sempre più numerosi gli sposi che, attraverso la santità della loro vita, sappiano mostrare il „grande mistero" dell'amore coniugale, che ha origine nell'opera della creazione e si compie nell'unione di Cristo con la Chiesa (Efes. 5,22-33).
(Beatificazione di Maria e Luigi Quattrocchi, 21 ottobre 2001)

Considerando tutto questo, il valore del matrimonio, questo inseparabile legame d'amore tra due persone, non può essere messo in discussione. Bisogna difenderlo, bisogna crederci. Come dice Giovanni Paolo II:

„*Qualunque difficoltà si presenti, non si deve rinunciare alla difesa dell'amore originale che ha unito due persone e che Dio continua a benedire. Il matrimonio è via della santità, anche quando diventa via crucis.*"

(omelia, Stary Sącz, 16 giugno 1999)

In conclusione, utilizzerò le parole del Santo Padre che ci ha lasciato un bellissimo messaggio sull'amore coniugale:

„*La vita ci insegna che l'amore, l'amore coniugale, è sempre la prova speciale di tutta la vita. Non è bello e vero, quando sembra facile e piacevole, ma quando si dimostra nelle prove della vita, come „l'oro nel fuoco". Chi pensa che, quando arriva il momento della prova, l'amore e la gioia finiscono, ha una concezione molto povera dell'amore umano e coniugale. È allora che i sentimenti umani mostrano la loro durevolezza; è allora che la devozione e la tenerezza si rafforzano, perché il vero amore non pensa a sé stesso, ma come contribuire al bene della persona amata; la sua gioia più grande è la felicità della persona amata.*"

(Amatevi, 2005, n. 3)

Preghiera del marito per la moglie

Buon Dio, grazie per mia moglie.
Grazie per il suo amore, femminilità, bellezza, sensibilità, perché vede le cose in modo diverso da me.
Grazie per il fatto che le nostre strade si sono incrociate, ci siamo scelti e hai benedetto il nostro amore nel Sacramento del Matrimonio. Signore, donale pazienza, comprensione, pace. Ti dono tutte le questioni difficili che ci sono tra noi: litigi, incomprensioni, dubbi.
Aiutiamoci a vicenda, perdoniamoci e comprendiamoci meglio. Per favore, prenditi cura di mia moglie, proteggila dal male e donale forza. Voglio essere il suo sostegno e protettore. Voglio essere un marito e un padre responsabile della crescita dei nostri figli.
Voglio che sia felice con me.
Le voglio bene.

Preghiera della moglie per il marito

Grazie, Signore, per mio marito.
Per il suo amore, per il bene che mi dà. Per il fatto che grazie al Sacramento del Matrimonio possiamo formare un solo corpo.
Affido a Te, Dio, tutti i suoi pensieri, gesti, parole, decisioni, relazioni con gli altri.
Ti offro anche ciò che trovo difficile amare di lui, ciò che mi infastidisce o mi ferisce.
Santifica o Dio, il nostro amore. Ti chiedo la fedeltà per lui e per me. Chiedo una vicinanza che esprima e rafforzi l'amore.
Aiutaci a capirci bene sempre, a saper superare le difficoltà, a spegnere i conflitti ed a perdonarci a vicenda.
Proteggilo, Signore, dal male, donagli una fede forte e santità. Benedici il suo lavoro.
Aiutami a renderlo un marito e un padre migliore.
Voglio la sua felicità.
Lo amo.

Famiglia

"Il futuro dell'umanità passa attraverso la famiglia!"
(Familiaris Consortio)

Papa Francesco ha definito Giovanni Paolo II il testimone della bellezza della famiglia e del suo ruolo inalienabile nella società. Anche nei suoi discorsi egli fa più volte riferimento al suo impegno nello spiegare il senso e la natura della famiglia come chiesa domestica. La Chiesa, nella quale i coniugi formano una comunità di persone e, attraverso la fedeltà quotidiana ai voti matrimoniali e la donazione totale e reciproca, si sviluppano costantemente. Come dice il Nostro grande polacco:

„La comunità coniugale e familiare si basa sulla fiducia reciproca. È il bene fondamentale delle relazioni in famiglia. È il riferimento reciproco dei coniugi – ed il riferimento reciproco dei genitori e dei figli. Il fondamento più profondo di questi riferimenti è, in definitiva, la fiducia che Dio stesso dona agli sposi, creandoli e chiamandoli a vivere in una comunità coniugale e familiare. (...) La famiglia è sé stessa se è costruita su tali riferimenti, sulla fiducia reciproca. Solo su tale fondamento si può costruire il processo educativo, che è il fine fondamentale della famiglia e il suo compito primario.

(Omelia, Breslavia, 21 giugno 1983)

Nelle sue considerazioni, il Santo Padre indica la famiglia fondata sul matrimonio come l'unità fondamentale della società: «in esso, come in un nido sicuro, si sviluppa la vita, che va difesa e protetta» (riflessione, 1 febbraio 2004).

Nei suoi insegnamenti fa riferimento anche al fatto che:

„La famiglia è (...) la comunità più completa dal punto di vista dei legami interpersonali. Non esiste legame che unisca le persone più strettamente di quello del matrimonio e della famiglia. Non vi è un altro legame che possa essere definito così compiutamente „comunione". Inoltre, non esiste altro legame in cui gli obblighi reciproci fossero così profondi e integrali, e che la loro

violazione ferirebbe più dolorosamente la sensibilità umana di donna, uomo, bambini e genitori.

(Omelia, Kielce-Masłów, 3 giugno 1991)

Don Piotr Kroczek, riferendosi all'insegnamento del Papa, fa notare anche che i diritti della famiglia si basano sul principio della sua sovranità e non sono solo la somma dei diritti delle persone che la creano. La famiglia è qualcosa di più di ogni singola persona: è una comunità di genitori e figli, una comunità di molte generazioni. Espressione di tale convinzione è stata la pubblicazione da parte della Santa Sede nel 1983 della Carta dei diritti della famiglia.

Secondo il disegno di Dio, la famiglia è stata creata come comunità di persone (coniugi, figli, anziani, parenti), come «*comunità profonda di vita e di amore*», che è anche l'essenza della sua missione. Dal Creatore, infatti, riceve la missione di custodire, rivelare e trasmettere l'amore, che è principio interiore, forza duratura e fine ultimo di questo compito.

„*L'amore tra l'uomo e la donna nel matrimonio e, in forma derivata ed allargata, l'amore tra i membri della stessa famiglia - tra genitori e figli, tra fratelli e sorelle, tra parenti e familiari - è animato e sospinto da un interiore e incessante dinamismo, che conduce la famiglia ad una comunione sempre più profonda ed intensa, fondamento e anima della comunità coniugale e familiare.*"

(Familiaris Consortio)

È dunque l'amore che anima i rapporti interpersonali dei singoli membri della famiglia, ed è anche la sua forza interiore, che non solo forma, ma anche rafforza la comunione e la comunità familiare.

„Amare la famiglia significa saperne stimare i valori e le possibilità, promuovendoli sempre. Amare la famiglia significa individuare i pericoli ed i mali che la minacciano, per poterli superare. Amare la famiglia significa adoperarsi per crearle un ambiente che favorisca il suo sviluppo. E, ancora, è forma eminente di amore ridare alla famiglia cristiana di oggi, spesso tentata dallo sconforto e angosciata per le accresciute difficoltà, ragioni di fiducia in sé stessa, nelle proprie ricchezze di natura e di grazia, nella missione che Dio le ha affidato."

(Familiaris Consortio)

Nel contesto della famiglia come comunità, il Santo Padre parla di quattro tipi di rapporti di comunione nella famiglia: marito-moglie, padre-madre, figlio-figlia, fratello-sorella. Tratta, tra l'altro, della dignità e della responsabilità delle donne, e della pari dignità e responsabilità degli uomini. La comunione familiare dovrebbe essere curata non solo dai coniugi, ma anche dai figli. Ha inoltre il compito di stimolare tutti a scoprire e valorizzare il ruolo degli anziani nelle comunità laica ed ecclesiale. Tutta la „Chiesa domestica" è il soggetto che trasmette la Parola di Dio, la cui accoglienza condiziona la vita della famiglia cristiana. Perché, se essa si nutre di questa Parola nella sua vita quotidiana Gesù Cristo è presente più pienamente in lei. In tale comunità c'è un'atmosfera di bontà, amore, gentilezza e amore per il Salvatore stesso. Lo possono confermare le parole di Giovanni Paolo II:

"Se la famiglia cristiana è comunità, i cui vincoli sono rinnovati da Cristo mediante la fede e i sacramenti, la sua partecipazione alla missione della Chiesa deve avvenire secondo una modalità comunitaria: insieme, dunque, i coniugi in quanto coppia, i genitori e i figli in quanto famiglia, devono vivere il loro servizio alla Chiesa e al mondo. Devono essere nella fede «un cuore solo e un'anima sola» (cfr. At 4,32), mediante il comune spirito apostolico che li anima e la collaborazione che li impegna nelle opere di servizio alla comunità ecclesiale e civile."

(Familiaris Consortio)

Lo ricorda anche il Concilio Vaticano II affermando:

„La Famiglia deve condividere generosamente la sua ricchezza spirituale con altre famiglie. Per questo la famiglia cristiana generata dal matrimonio, che rispecchia e partecipa nell'alleanza amorosa con Cristo e la Chiesa, attraverso l'amore degli sposi, sacrificale fecondità, unità e fedeltà di tutti i membri, trasmetterà a tutti la presenza del Salvatore nel mondo e la vera natura della Chiesa." Ancor'più, secondo Giovanni Paolo II, la famiglia cristiana costruisce il Regno di Dio nella storia attraverso la quotidiana realtà determinata dalle condizioni di vita, nell'amore coniugale e familiare.

Gli elementi integranti della comunità non sono solo l'amore, ma anche l'amicizia, la fratellanza, il suscitare la speranza, l'aiuto reciproco di varia natura, il provvedere al bene quotidiano o lo scambio di esperienze. Non c'è dubbio, infatti, che una vita d'amore sia un messaggio gioioso per ogni essere umano. Inoltre, un uomo che sa amare veramente ed è amato ha la capacità di infondere speranza negli altri oltre che in sé stesso. Pertanto, il Papa è dell'opinione che nel mondo moderno la famiglia non potrà svolgere alcun ruolo apostolico, se prima non diventerà un luogo di bontà, speranza, amore e gentilezza per i suoi membri. Una famiglia unita, animata dallo spirito di speranza e di amore, può irradiare all'esterno l'esempio di vita ed essere un impulso a seguire i comandamenti di Dio. Ecco perché Giovanni Paolo II fa un invito:

Famiglia

„*Famiglie, diventate ciò che siete. Voi siete l'immagine viva dell'amore di Dio: avete infatti la missione di custodire, rivelare e trasmettere l'amore, che è riflesso vivo e comunicazione reale dell'amore di Dio per l'umanità e dell'amore di Cristo Signore per la Chiesa, sua sposa.*"

(Ecclesia in Europa)

Secondo l'insegnamento del Papa, la famiglia cristiana deve essere una scuola di ricca umanità. Ricca, cioè nel pieno suo sviluppo fisico, intellettuale, religioso e morale. Come "Chiesa domestica", dovrebbe introdurre i bambini alla vita di fede e alla responsabilità per essa, insegnando così il rispetto per gli altri e la responsabilità per la Chiesa e la nazione. La famiglia è anche luogo privilegiato di molteplici forme di aiuto reciproco. Come nota infatti Giovanni Paolo II:

„…*vi è inoltre la coscienza della necessità che si sviluppino relazioni tra le famiglie per un reciproco aiuto spirituale e materiale, la riscoperta della missione ecclesiale propria della famiglia e della sua responsabilità per la costruzione di una società più giusta.*"

(Familiaris Consortio)

La famiglia possiede anche vitali ed organici legami con la società, ne costituisce addirittura il fondamento, alimentandola costantemente con la sua missione di servizio alla vita. È «nella famiglia che nascono i cittadini e in essa trovano la prima scuola di quelle virtù sociali che determinano la vita e lo sviluppo della società stessa». Il primo e fondamentale contributo della famiglia alla società è dunque l'esperienza di comunione e di partecipazione alla sua vita quotidiana. I membri della comunità familiare si ispirano reciprocamente, guidati dalla «legge dell'altruismo» che „rispettando e rafforzando la dignità personale di ognuno e di tutti, come unica ragione dei valori, si concretizza nella cordiale apertura, nell'incontro e nel dialogo, disinteressata disponibilità, servizio generoso e profonda solidarietà". Grazie a ciò, l'autentica e matura comunione delle persone nella famiglia si rafforza, diventando la prima e insostituibile scuola di vita sociale, "esempio e stimolo per contatti sociali più ampi nello spirito del rispetto, della giustizia, del dialogo e dell'amore."(*Familiaris Consortio*)

„Nella Chiesa, la comunità familiare si rende conto di essere una piccola Chiesa, fatta di peccatori perdonati, che seguono il cammino della santità, trovando sostegno in coloro che Dio ha unito in una famiglia."
(Lettera all'Equipes Notre Dame, Città del Vaticano, 27 novembre 1997)

La famiglia è quindi chiamata alla santità, verso la quale è guidata dallo Spirito di Dio. Il Papa fa notare che questo si riflette nelle parole di S. Paolo:

„Tutti coloro che sono guidati dallo Spirito di Dio sono figli di Dio» (Rom. 8,14). Se lo Spirito Santo è l'anima della Chiesa (Lumen Gentium, 7), deve essere anche l'anima della famiglia, della piccola Chiesa domestica. Essa deve costituire per ogni nucleo familiare una fonte interna di vitalità ed energia che alimenta costantemente la fiamma dell'amore coniugale, espresso nel dono reciproco degli sposi."
(Discorso all'Assemblea Plenaria del Pontificio
Consiglio per la Famiglia, 4 giugno 1999)

Ma affinché la famiglia possa evangelizzare gli altri, deve prima trarre forza dalla liturgia della Chiesa e conoscerla più profondamente per poterne fare esperienza. La „Chiesa domestica" deve sviluppare al proprio interno una vita di preghiera e modellare le vie del dialogo di fede. Spetta alla famiglia trasmettere la fede in Cristo alle nuove generazioni con convinzione e gioia. Il Papa insegna che:

„*La cellula familiare deve essere il primo ambiente in cui la pace di Cristo è accolta, coltivata e protetta. Tuttavia, nel nostro tempo, senza la preghiera, è sempre più difficile per le famiglie realizzare questa vocazione. Per questo sarebbe bene ritornare alla bella abitudine di pregare il rosario in casa, che era ancora diffusa nelle generazioni precedenti. Una famiglia che prega insieme resta unita.*"

(Catechesi, 29 ottobre 2003, Rosarium Virginis Mariae, 41)

È vero che ci sono poche altre attività congiunte che avrebbero un impatto più profondo sulla famiglia quanto il pregare insieme?

Il Santo Padre sottolinea che:

„*La preghiera familiare ha sue caratteristiche.*
È una preghiera fatta in comune, marito e moglie insieme, genitori e figli insieme. La comunione nella preghiera è, ad un tempo, frutto ed esigenza di quella comunione che viene donata dai sacramenti del battesimo e del matrimonio. Ai membri della famiglia cristiana si possono applicare in modo particolare le parole con le quali il Signore Gesù promette la sua presenza: «*In verità vi dico ancora: se due di voi sopra la terra si accorderanno per domandare qualunque cosa, il Padre mio che è nei cieli ve la concederà. Perché dove sono due o tre riuniti nel mio nome, io sono in mezzo a loro*".

(Familiaris Consortio)

Attraverso la preghiera, la comunità delle famiglie invita Cristo a essere in mezzo a loro: sposi, genitori e figli. Quando le case diventano luoghi di preghiera, sono anche case „dove le famiglie vivono serenamente alla presenza di Dio, che condividono con gli altri l'ospitalità, la preghiera e la lode". Il Papa sottolinea in particolare questo punto:

„La famiglia cristiana deve distinguersi come ambiente di preghiera comune, in cui la libertà dei figli permette a tutti di rivolgersi a Dio e di invocarlo con il nome familiare: „Padre nostro!" Lo Spirito Santo ci aiuta a scoprire il volto del Padre come modello perfetto di paternità nella famiglia."

(Discorso all'Assemblea Plenaria del Pontificio Consiglio per la Famiglia, 4 giugno 1999)

La preghiera della comunità familiare può diventare anche il luogo della comune e reciproca memoria, perché:

„Per questo la preghiera della comunità familiare può diventare luogo del ricordo comune e reciproco: la famiglia, infatti, è comunità di generazioni. Nella preghiera tutti debbono essere presenti: coloro che vivono e coloro che già sono morti, come pure quanti ancora devono venire al mondo. Occorre che nella famiglia si preghi per ciascuno, a misura del bene che la famiglia costituisce per lui e del bene che egli costituisce per la famiglia. La preghiera conferma più saldamente tale bene, proprio come bene comune familiare. Anzi, essa dà anche inizio a questo bene, in modo sempre rinnovato. Nella preghiera la famiglia si ritrova come il primo « noi » nel quale ciascuno è « io » e « tu »; ciascuno è per l'altro rispettivamente marito o moglie, padre o madre, figlio o figlia, fratello o sorella, nonno o nipote."

(Gratissimam Sane)

Giovanni Paolo II fa anche presente che:

„*La famiglia che recita insieme il rosario riproduce, un po' il clima della casa di Nazareth: si pone Gesù al centro, si condividono con Lui gioie e dolori, si mettono nelle sue mani bisogni e progetti, si attingono da Lui la speranza e la forza per il cammino. In questa preghiera è bello e fruttuoso affidare anche l'itinerario di crescita dei figli." Oggi è sempre più difficile per i genitori stare al passo con i propri figli nelle diverse fasi della loro vita. In una società basata sulla tecnologia avanzata, sui mass media e sulla globalizzazione, tutto è diventato così veloce e le differenze culturali tra le generazioni stanno aumentando. Tutti i tipi di messaggi ed esperienze meno prevedibili entrano rapidamente nella vita dei bambini e dei giovani, e i genitori a volte sono angosciati di fronte ai pericoli che li minacciano. Non di rado sperimentano dolorose delusioni vedendo i loro figli cadere nella delusione, della droga, nelle lusinghe dell'edonismo sfrenato, nelle tentazioni della violenza, nelle varie manifestazioni di insensatezza e disperazione."*

(Amatevi, 2005, n. 3)

I pericoli e le tentazioni in agguato alla famiglia richiedono che essa stia sempre in guardia attraverso la purezza del cuore:

„*La famiglia deve schierarsi fermamente in difesa della purezza della propria casa e in difesa della dignità di ogni persona. (...) L'educazione alla castità è uno dei grandi compiti di evangelizzazione che oggi ci attende. Più la famiglia sarà pura, più la nazione sarà sana*".

(Omelia, Sandomierz, 12 giugno 1999)

La famiglia dovrebbe avere fiducia nella Provvidenza:

„*Inoltre, la dignità e la responsabilità della famiglia cristiana come «Chiesa domestica» possono essere vissute solo con l'aiuto costante di Dio, che sarà sempre concesso se ricercato nella preghiera umile e fiduciosa.*"

(Familiaris Consortio)

Grazie alla preghiera la famiglia può rinforzare la sua comunità e comunione.

Don Tadeusz Syczewski, nel suo studio *I compiti della famiglia cristiana nel mondo moderno*, basato sugli insegnamenti del Papa, ha espresso la convinzione che ogni persona è responsabile di costruire giorno dopo giorno, al meglio delle proprie capacità e abilità, la comunione tra le persone. Grazie a questo la famiglia viene chiamata la "più ricca scuola di umanità".

In relazione a quanto sopra Giovanni Paolo II si rivolge ai genitori con queste parole:

„*Non è facile oggi creare le condizioni cristiane necessarie per crescere i figli. Dovete fare di tutto perché Dio sia presente e venerato nelle vostre famiglie. (…) Voi siete i primi maestri di preghiera e di virtù cristiane per i vostri figli e nessuno può sostituirvi in questo. Mantenete le usanze religiose e coltivate la tradizione cristiana, insegnate ai vostri figli il rispetto per ogni persona. Il vostro desiderio più grande sia quello di crescere le giovani generazioni in unione con Cristo e con la Chiesa. Solo così rimarrete fedeli alla vostra vocazione dei genitori e ai bisogni spirituali dei vostri figli.*

Fate sì che il bene delle giovani generazioni sia la preoccupazione della vostra vita e della vostra opera educativa. Vi incoraggio - dice San Paolo - ad agire in modo degno della vostra vocazione (...) per edificare il Corpo di Cristo (Efes. 4,1.12). Può esserci una chiamata più grande di quella che Dio vi ha dato?"

(Omelia, Łowicz, 14 giugno 1999)

A sua volta, attraverso l'amore, il rispetto e l'obbedienza ai genitori, anche i figli danno un contributo insostituibile alla costruzione della famiglia. Il Santo Padre lo ricorda loro:

„Non abbiate paura di intraprendere il cammino della vostra vocazione, non abbiate paura di cercare la verità su voi stessi e sul mondo che vi circonda. Vorrei tanto che possiate vivere nelle vostre case un'atmosfera di un vero amore. Dio vi ha dato i genitori e dovreste spesso ringraziare Dio per questo grande dono. Rispettate e amate i vostri genitori. Vi hanno fatto nascere e vi hanno cresciuti. Sono per voi i vicari di Dio Creatore e Padre. Sono anche, e dovrebbero essere, i vostri amici più cari ai quali dovresti chiedere aiuto e consiglio nei vostri problemi della vita. (…)
Alla vostra età è il momento più favorevole della vita per seminare e preparare il terreno per i raccolti futuri. Quanto più intenso sarà l'impegno con cui assumerete le vostre responsabilità, tanto meglio e con maggiore efficacia adempirete la vostra missione in futuro. (…)
La persona veramente grande è quella che vuole imparare qualcosa."

(omelia, Łowicz, 14 giugno 1999)

Nella vita quotidiana della famiglia i vari doveri comprendono anche la vita spirituale, di cui il Papa parla:

„*Nella vita quotidiana Dio ci chiama a cercare quella maturità della vita spirituale, che consiste proprio nel vivere in modo straordinario le cose ordinarie. La santità si ottiene infatti imitando Gesù, senza fuggire dalla realtà e dalle sue prove, ma affrontandole con la luce e la potenza del Suo Spirito.*
(Meditazione, 1 settembre 2002)

Molte volte Giovanni Paolo II ricorda alle famiglie di curare l'aspetto comunitario della vita spirituale:

„*Sempre più persone e famiglie approfittano delle vacanze per trascorrere qualche giorno nei cosiddetti „Centri di Spiritualità": monasteri, santuari, case di esercizi spirituali. Tipicamente, in questi luoghi non solo si può godere della bellezza della natura circostante, ma anche arricchirsi spiritualmente incontrando Dio attraverso la riflessione e il silenzio, attraverso la preghiera e la contemplazione. Si tratta di una tendenza molto salutare che non dovrebbe rimanere limitata alle vacanze.*
Sarebbe necessario trovare forme adeguate affinché questa pratica possa accompagnare la vita quotidiana anche negli altri periodi dell'anno. Il vero problema è mantenere l'armonia interiore affinché la nostra esistenza ordinaria abbia sempre quella dimensione soprannaturale di cui ciascuno di noi ha bisogno."
(Gratissimam Sane)

Nelle sue parole il Papa menziona il periodo delle vacanze, che gioca un ruolo importante nella vita della famiglia perché i suoi membri possono trascorrere più tempo insieme. Questo è estremamente importante oggi, quando il mondo intero corre avanti, quando c'è fretta e costante mancanza di tempo. Ognuno si occupa di sé stesso e delle proprie faccende: scuola, lavoro, carriera... Dove c'è tempo per la famiglia in tutto questo? Qual è il posto giusto per rafforzare i legami con i propri cari e creare una vera comunità? Ecco perché dovremmo apprezzare ancora di più il tempo libero e dedicarlo non solo allo sviluppo personale e al relax, ma anche a stare insieme e al dono reciproco della compagnia. Lo scrive Giovanni Paolo II:

„Bisogna sapere usare bene le vacanze e le ferie, affinché possano servire al bene dell'individuo e della famiglia, in quanto consentono il contatto con la natura, assicurano la pace, dando tempo per coltivare una armoniosa vita familiare, per letture preziose, sani divertimenti e soprattutto permettono di dedicare più tempo alla preghiera, contemplazione e l'ascolto alla voce di Dio."(Riflessione, 23 luglio 2000)

Naturalmente questo non significa che dovremmo rinunciare al lavoro o all'istruzione, perché essi sono necessari al corretto funzionamento nel mondo. Si tratta di stabilire priorità nella vita e trovare tempo per ciò che è veramente importante e prezioso. Lo stesso lavoro deve essere dignitoso e rispettoso dell'uomo come persona. Il Santo Padre insegna che:

„Il lavoro umano non può essere trattato solamente come una forza necessaria alla produzione – la cosiddetta "forza lavoro". L'uomo non può essere visto come uno strumento di produzione. L'uomo crea il lavoro ed è il suo esecutore. Bisogna fare tutto affinché il lavoro non perda la sua propria dignità. Lo scopo del lavoro – di ogni lavoro – è la persona stessa. Grazie ad esso, dovrebbe migliorare e approfondire la propria personalità. Non dobbiamo dimenticare – e ci tengo a sottolinearlo – che il lavoro è per l'uomo e non l'uomo per il lavoro".

(Laborem exercens, 1981)

Per questo anche:

„Dio ci pone davanti grandi compiti, esigendo la nostra testimonianza nel campo sociale. Come cristiani, come credenti, dobbiamo sensibilizzare la nostra coscienza verso ogni tipo di ingiustizia o forma di sfruttamento o di camuffamento".

(Omelia a Legnica, 2 giugno 1997)

Il Papa aggiunge:

„Pertanto, occorre fare tutto il possibile per creare reali opportunità di lavoro per tutti, garantendo al tempo stesso salari adeguati a tutti. È inoltre necessario garantire un sistema di lavoro che non disturbi l'equilibrio personale e familiare e non interferisca con l'attuazione armoniosa dei progetti di vita di ogni persona."

(Discorso ai partecipanti al convegno ACLI, 27 aprile 2002)

Il Santo Padre inoltre riconosce la famiglia come il cammino più importante che ogni persona dovrebbe percorrere nella vita. Essa determina l'essenza della nostra umanità e ci consente di svilupparci come persone. Dagli insegnamenti del Papa consegue che:

„Tra queste numerose strade, la famiglia è la prima e la più importante: una via comune, pur rimanendo particolare, unica e irripetibile, come irripetibile è ogni uomo; una via dalla quale l'essere umano non può distaccarsi. In effetti, egli viene al mondo normalmente all'interno di una famiglia, per cui si può dire che deve ad essa il fatto stesso di esistere come uomo. Quando manca la famiglia, viene a crearsi nella persona che entra nel mondo una preoccupante e dolorosa carenza che peserà in seguito su tutta la vita."

(Gratissimam Sane, 2)

Avendo sempre ed esclusivamente presente il bene della famiglia, Giovanni Paolo II lamenta spesso i cambiamenti sociali e culturali che interessano le famiglie moderne. Alcuni riescono a rimanere fedeli ai valori che costituiscono fondamento dell'istituzione familiare, altri no: sono perduti, incerti e dubbiosi. Perdono la consapevolezza del significato ultimo e della verità della vita familiare e matrimoniale. Spesso le radici di questi sintomi negativi risiedono nell'errata comprensione ed esperienza della libertà, intesa come forza autonoma focalizzata sul perseguimento del proprio bene, del proprio egoismo, spesso a danno degli altri.

„Da una parte, infatti, vi è una coscienza più viva della libertà personale, e una maggiore attenzione alla qualità delle relazioni interpersonali nel matrimonio, alla promozione della dignità della donna, alla procreazione responsabile, alla educazione dei figli; vi è inoltre la coscienza della necessità che si sviluppino relazioni tra le famiglie per un reciproco aiuto spirituale e materiale, la riscoperta della missione ecclesiale propria della famiglia e della sua responsabilità per la costruzione di una società più giusta. Dall'altra parte, tuttavia non mancano segni di preoccupante degradazione di alcuni valori fondamentali: una errata concezione teorica e pratica dell'indipendenza dei coniugi fra di loro; le gravi ambiguità circa il rapporto di autorità fra genitori e figli; le difficoltà concrete, che la famiglia spesso sperimenta nella trasmissione dei valori; il numero crescente dei divorzi; la piaga dell'aborto; il ricorso sempre più frequente alla sterilizzazione; l'instaurarsi di una vera e propria mentalità contraccettiva."

(Familiaris Consortio)

„I tempi in cui viviamo rivelano una tendenza della famiglia a ridursi a un legame di due generazioni. Ciò accade spesso a causa delle difficoltà abitative, soprattutto nelle grandi città. Tuttavia, la ragione è spesso la convinzione che più generazioni sotto lo stesso tetto interferiscano con l'intimità e creino difficoltà nella vita. Ma è proprio questo il punto più debole: c'è poca vita umana nelle nostre famiglie moderne. Non c'è nessuno con cui creare il bene comune e non c'è nessuno con cui distribuire questo bene. (…)
Un'altra caratteristica del contesto culturale in cui viviamo è la tendenza di molti genitori a rinunciare al proprio ruolo e ad assumere un atteggiamento di semplici amici dei propri figli, il che significa che non li ammoniscono né li rimproverano anche quando dovrebbero farlo - con amore e tenerezza - per educarli nella verità. (…) [eppure] i genitori dovrebbero essere rappresentanti del buon Padre nella comunità familiare – unico modello perfetto a cui ispirarsi".

(Discorso ai partecipanti all'Assemblea Plenaria del
Pontificio Consiglio per la Famiglia, 4 giugno 1999)

Le famiglie cristiane hanno quindi una grande responsabilità nel prevenire eventuali problemi e, se necessario, nel risolverli al meglio delle loro capacità. In caso contrario soffriranno non solo le comunità familiari, ma l'intera società, la nazione, persino il mondo. Ricordiamo le parole di Giovanni Paolo II, il quale sottolinea che «la corrente principale della civiltà dell'amore scorre attraverso la famiglia. Se questa civiltà non vuole rimanere un'utopia, allora deve cercare nella famiglia la sua „base sociale" (*Gratissimam Sane*).

Al termine delle riflessioni sulla famiglia basate sugli insegnamenti del Papa, vorrei condividere con voi alcune sue parole a me particolarmente vicine:

„Non dimenticate nemmeno per un istante quanto sia grande il valore della famiglia.
Grazie alla presenza sacramentale di Cristo, grazie al giuramento prestato liberamente, con il quale i coniugi si donano reciprocamente, la famiglia è una comunità santa. È una comunione di persone unite dall'amore, descritto da S. Paolo con queste parole: «la carità si rallegra della verità, tutto scusa, tutto crede, tutto spera, tutto sopporta. La carità non avrà mai fine» (1 Cor. 13,6-8). L'amore non finisce mai. Ogni famiglia può costruire tale amore. Ma esso si può realizzare nel matrimonio solo e soltanto se i coniugi diventano (…) "un dono disinteressato di sé stessi", incondizionatamente e per sempre, senza porre alcun limite.
Questo amore coniugale, genitoriale e familiare viene costantemente nobilitato, perfezionato dalle preoccupazioni e dalle gioie comuni, attraverso il reciproco sostegno nei momenti difficili. Si dimentica di sé stesso per il bene della persona che ama. Il vero amore non si spegne mai. Diventa fonte di forza e di fedeltà coniugale. La famiglia cristiana, fedele alla sua alleanza sacramentale, diventa segno autentico dell'amore disinteressato e universale di Dio per gli uomini. Questo amore di Dio è il centro spirituale della famiglia ed il suo fondamento. Attraverso tale amore la famiglia nasce, si sviluppa, matura e diventa fonte di pace e di felicità per genitori e figli. È un vero ambiente di vita e di amore".

(Omelia a Kalisz, 4 giugno 1997)

Queste parole rivelano tutta la verità sulla famiglia, sulla sua essenza e sui suoi obblighi. Del suo fondamento e del centro spirituale che ha la sua sorgente nell'amore di Dio Padre. Sulla potenza del dono di te stesso. Sulla civiltà dell'amore. Su noi stessi…

Quindi, "non dimenticate nemmeno per un momento quanto sia grande il valore della famiglia". Amatevi, prendetevi cura l'uno dell'altro, sostenetevi a vicenda. Create una comunità coerente con la missione di Dio e testimoniate la verità, l'amore e la vita. Perseverate per il coniuge, per i genitori, per i figli. Per tutte le generazioni future. Perseverate per il futuro, perché «il futuro dell'umanità passa attraverso la famiglia".

Bambino

„*La cura del bambino è la primaria*
e fondamentale verifica della relazione
dell'uomo all'uomo."
Giovanni Paolo II

Fot. Andrzej J. Gojke

Secondo il disegno di Dio, il matrimonio è il fondamento di una comunità familiare più ampia, perché l'istituto stesso del matrimonio, così come l'amore dei coniugi, sono orientati alla prole e alla sua educazione, che ne costituiscono il culmine. Come dice Giovanni Paolo II:

„*Nella sua realtà più profonda, l'amore è essenzialmente dono e l'amore coniugale, mentre conduce gli sposi alla reciproca «conoscenza» che li fa «una carne sola», non si esaurisce all'interno della coppia, poiché li rende capaci della massima donazione possibile, per la quale diventano cooperatori con Dio per il dono della vita ad una nuova persona umana. Così i coniugi, mentre si donano tra loro, donano al di là di sé stessi la realtà del figlio, riflesso vivente del loro amore, segno permanente della unità coniugale e sintesi viva ed indissociabile del loro essere padre e madre.*"

(Familiaris Consortio)

E quando gli sposi diventano genitori, ricevono da Dio il dono di una nuova responsabilità, perché attraverso il loro amore genitoriale devono essere segno visibile dello stesso amore di Dio Padre per i figli. Da questa responsabilità, da questa vocazione originaria della donna e dell'uomo a partecipare all'opera creatrice di Dio, scaturisce anche il compito di allevare la prole. Se nell'amore e per l'amore nasce una persona nuova, chiamata per sé stessa a crescere e svilupparsi, la madre e il padre assumono il compito di consentirgli di vivere una vita pienamente umana. Il Concilio Vaticano II lo ricorda:

„*I genitori, poiché hanno dato la vita ai figli, hanno il più alto obbligo di allevare la prole e devono quindi essere riconosciuti come i primi e i suoi principali educatori. Questo compito educativo è così importante che la sua eventuale assenza sarebbe difficilmente sostituibile. Spetta ai genitori creare un'atmosfera familiare piena di amore e rispetto per Dio e per le persone che sosterrà l'intera educazione personale e sociale dei figli.*

La famiglia è quindi la prima scuola di virtù sociali di cui tutte le società hanno bisogno."

Che cos'è l'educazione, in che cosa consiste? Per rispondere adeguatamente a questa domanda, non possono essere ignorate due verità fondamentali. La prima afferma che l'uomo è stato chiamato a vivere nella verità e nell'amore, la seconda che ogni persona umana realizza sé stessa attraverso il dono sincero di sé: questo vale tanto per gli educatori quanto per gli educandi. Il Santo Padre scrive che:

„I genitori sono sempre i primi e principali educatori dei propri figli, (…) in questo campo hanno anche primi e fondamentali diritti. Sono educatori perché sono genitori."
(Gratissimam Sane)

Tuttavia a volte succede che i genitori, non potendo soddisfare tutte le esigenze educative - come ad esempio l'istruzione integrale o la socializzazione - condividano il compito di allevare i figli con altre persone e istituzioni, o con la Chiesa, secondo il principio di sussidiarietà. La sussidiarietà sorretta dall'amore dei genitori è coerente col bene della famiglia. In questo modo l'amore genitoriale si completa e ne viene confermato il carattere fondamentale, in ragione del fatto che gli altri partecipanti al processo educativo agiscono per conto e con il consenso dei genitori. Questo processo educativo porta alla maturità psicofisica e la persona inizia così a „crescere da sola».

Il Papa descrive questo fenomeno in questo modo:

„L'autoeducazione supera, col passare del tempo, i traguardi precedentemente raggiunti nel processo educativo, nel quale tuttavia continua ad affondare le sue radici. L'adolescente incontra nuove persone e nuovi ambienti, in particolare gli insegnanti e i compagni di scuola, i quali esercitano sulla sua vita un influsso che può risultare educativo o diseducativo.

In questa tappa, egli si distacca in qualche misura dall'educazione ricevuta in famiglia assumendo talora un atteggiamento critico nei confronti dei genitori. Nonostante tutto, però, il processo di autoeducazione non può non essere segnato dall'influsso educativo esercitato dalla famiglia e dalla scuola sul bambino e sul ragazzo. Perfino trasformandosi e incamminandosi nella propria direzione, il giovane continua a rimanere intimamente collegato con le sue radici esistenziali.

(Gratissimam Sane)

Pertanto, secondo il Santo Padre, l'educazione è di grande importanza. Essa comprende non solo il processo di istruzione e di socializzazione, ma anche l'amore, la cura e la preoccupazione dei genitori, estremamente importanti per il corretto sviluppo della piccola persona.

„*Nella famiglia, comunità di persone, deve essere riservata una specialissima attenzione al bambino, sviluppando una profonda stima per la sua dignità personale, come pure un grande rispetto ed un generoso servizio per i suoi diritti. Ciò vale di ogni bambino, ma acquista una singolare urgenza quanto più il bambino è piccolo e bisognoso di tutto, malato, sofferente o handicappato."*

(Familiaris Consortio)

„*Sollecitando e vivendo una premura tenera e forte per ogni bambino che viene in questo mondo, la Chiesa adempie una sua fondamentale missione: è chiamata, infatti, a rivelare e a riproporre nella storia l'esempio e il comandamento di Cristo Signore, che ha voluto porre il bambino al centro del Regno di Dio: «Lasciate che i bambini vengano a me... perché a chi è come loro appartiene il regno di Dio»"*

(Familiaris Consortio)

Il quarto comandamento di Dio dice: „Onora tuo padre e tua madre". Tuttavia, affinché i figli possano adempiere a questo comandamento, devono prima essere considerati e accettati dai loro genitori come un dono di Dio. Il Santo Padre ritiene che:

„Ogni bambino è un dono di Dio. Un dono a volte è difficile da accettare, ma è sempre un dono inestimabile. Dio ha dato a voi, genitori, una vocazione speciale. Per preservare la vita umana sulla terra, ha creato la comunità familiare. Siete i primi custodi e protettori della vita non ancora nata, ma già concepita. Accettate il dono della vita come la grazia più grande di Dio, come la sua benedizione per la famiglia, per la nazione e per la Chiesa."

(Amatevi 2005, n. 3)

Giovanni Palo II spesso chiama i bambini "la primavera della famiglia e della società" (*discorso ai partecipanti all'Assemblea plenaria del Pontificio Consiglio per la Famiglia, 4 giugno 1999*) dicendo che „grande e nobile è la missione dei padri e delle madri, chiamati a cooperare con il Padre celeste nel trasmettere la vita ai nuovi esseri umani, figli di Dio."

Ma cosa significa la metafora della „primavera" riferita ai bambini?
Il Papa la spiega così:

„Essa ci introduce in un'atmosfera piena di vita, colori, luce e canto, che associamo alla primavera. Tutto questo è naturalmente presente nei bambini. I bambini sono speranza che fiorisce sempre di nuovo (…). Venendo al mondo, portano con sé il messaggio di vita che rimanda al primo Creatore della vita. Dipendendo da noi in tutto, soprattutto nelle prime fasi della vita, sono un naturale richiamo alla solidarietà."

(Giubileo delle Famiglie, 14 ottobre 2000)

„*Desidero esprimere la gioia che per ognuno di noi costituiscono i bambini, primavera della vita, anticipo della storia futura di ognuna delle presenti patrie terrene. Nessun paese del mondo, nessun sistema politico può pensare al proprio avvenire se non attraverso l'immagine di queste nuove generazioni che dai loro genitori assumeranno il molteplice patrimonio dei valori, dei doveri e delle aspirazioni della nazione alla quale appartengono e di tutta la famiglia umana. (…) E perciò, che cosa di più si potrebbe augurare a ogni nazione e a tutta l'umanità, a tutti i bambini del mondo se non quel migliore futuro in cui il rispetto dei diritti dell'uomo diventi piena realtà nelle dimensioni del duemila che si avvicina.*"

(Familiaris Consortio)

„*L'accoglienza, l'amore, la stima, il servizio molteplice ed unitario - materiale, affettivo, educativo, spirituale - per ogni bambino che viene in questo mondo dovranno costituire sempre una nota distintiva irrinunciabile dei cristiani, in particolare delle famiglie cristiane: così i bambini, mentre potranno crescere «in sapienza, età e grazia davanti a Dio e agli uomini» (Lc 2,52), porteranno il loro prezioso contributo all'edificazione della comunità familiare e alla stessa santificazione dei genitori.*"

(Familiaris Consortio)

„*I bambini non sottopongono forse costantemente i loro genitori a una sorta di esame? Lo fanno non solo facendo spesso domande, ma anche attraverso l'espressione dei loro volti, a volte sorridenti, a volte tristi. Tutto il loro modo di essere, a volte anche i capricci dell'infanzia, è intriso di domande, espresse in vari modi, che potremmo leggere, ad esempio: Mamma, papà, mi volete bene? Sono davvero un regalo per te?*

Mi accetti così come sono? Cerchi sempre il mio vero bene? Queste domande possono essere poste più con gli occhi che con le parole, ma rendono i genitori consapevoli della loro grande responsabilità e sono per loro un'eco della voce di Dio."

(Giubileo delle Famiglie, 14 ottobre 2000)

Il Santo Padre faceva notare anche che i bambini sono aperti e onesti nelle loro intenzioni, che hanno un enorme potere comunicativo e che possono essere una guida anche per gli adulti. Scrive, tra l'altro:

„Che grandissimo potere ha la preghiera di un bambino! A volte diventa un modello per gli adulti: pregare con semplicità e piena fiducia, cioè, rivolgersi a Dio come fanno i bambini."

(Lettera ai bambini nell'anno della famiglia, 13 dicembre 1994)

Quindi non solo i bambini possono imparare dagli adulti, ma anche gli adulti possono imparare molto dai bambini. Tuttavia ciò non cambia il fatto che la missione di guidare il destino dei propri figli spetti ai genitori. Come disse Giovanni Paolo II:

„In questa riflessione non potete evitare la domanda fondamentale sulla vostra missione educativa. Poiché avete dato la vita ai bambini, avete anche il dovere di sostenerli – in modo adeguato alla loro età – nella scelta della loro strada e nelle decisioni di vita, nel rispetto di tutti i loro diritti."

(Giubileo delle Famiglie, 14 ottobre 2000)

La missione educativa dei genitori è importante anche nel contesto dello Stato, perché sono la madre e il padre che imprimono nel bambino il patriottismo, la lealtà, l'idea del sacrificio e del servizio alla nazione.

Scrive il Santo Padre

"Cerchiamo di sviluppare e approfondire i sentimenti patriottici ed il legame con la Patria nel cuore dei bambini e dei giovani, sensibilizzare al bene comune della Nazione e educare alla responsabilità per il futuro.
Educare le giovani generazioni nello spirito dell'amore per la patria è di grande importanza per il futuro della Nazione. È impossibile servire bene la nazione senza conoscerne la storia, la ricca tradizione e la cultura. La Polonia ha bisogno di persone aperte al mondo ma che amano il proprio Paese.

(Omelia Łowicz, 14 giugno 1999)

Giovanni Paolo II si rivolge spesso direttamente ai bambini e ai giovani e con loro ama scherzare ma anche affrontare argomenti importanti. In uno dei suoi discorsi, chiede ai bambini che hanno fatto la Prima Comunione di pregare per i loro coetanei che soffrono:

"Cari amici, la Prima Comunione è senza dubbio un incontro indimenticabile con il Signore Gesù. Un giorno che viene ricordato come uno dei più belli della vita. È una grande festa in famiglia. È una grande festa anche in parrocchia. Ricordo ancora il giorno in cui ho ricevuto per la prima volta l'Eucaristia nella mia chiesa parrocchiale tra i miei coetanei. Desidero affidare alle vostre preghiere, cari piccoli amici, non solo le vicende della vostra famiglia, ma di tutte le famiglie del mondo. Il Papa conta molto sulle vostre preghiere. Dobbiamo pregare insieme affinché l'umanità, e sono tanti miliardi di persone sulla terra, diventi sempre più la famiglia di Dio, affinché possa vivere in pace. Molti bambini in diverse parti del mondo soffrono e sono esposti a molteplici minacce. Soffrono la fame e la povertà, muoiono di malattie e di malnutrizione, sono vittime

della guerra, vengono abbandonati dai genitori, sono condannati a diventare senzatetto, privati del calore della propria famiglia e soggetti a varie forme di stupro e violenza da parte degli adulti. Si può rimanere indifferenti davanti alla sofferenza di tanti bambini?"

(lettera ai bambini Giubileo della Famiglia, 13 dicembre 1994)

Per molti bambini il momento della Prima Comunione è anche il momento dell'adesione alla Pontificia Opera Missionaria, nella quale Giovanni Paolo II, così come i suoi successori Benedetto XVI e Francesco, vedono uno dei cammini più belli dell'amicizia con Gesù. È importante sottolineare che essa non finisce dopo aver tolto gli abiti della comunione, ma viene approfondita e si rafforza nel corso degli anni.

Nei suoi discorsi rivolti ai giovani, Giovanni Paolo II parla di valori e mostra loro il percorso che dovrebbero seguire:

„Anche ognuno di voi, giovani amici, trova nella vita una sua "Westerplatte". Una dimensione dei compiti che deve assumere e adempiere. Una causa giusta, per la quale non si può non combattere. Qualche dovere, qualche obbligo, da cui uno non si può sottrarre. Da cui non è possibile disertare."

(omelia, Westerplatte, 12 giugno 1987)

Il Santo Padre aveva un grande amore per i bambini e i giovani, si prendeva cura di loro e pregava per loro: la loro sorte gli stava a cuore. Pertanto, per riassumere prima parte di questo capitolo, vorrei citare le parole di Giovanni Paolo II sui bambini, che condivido pienamente:

„I bambini sono una speranza che fiorisce sempre, un progetto che si realizza costantemente, un futuro che rimane sempre aperto. Sono il frutto dell'amore coniugale, che grazie ad essi si nutre e si rafforza."

(Omelia Vaticano, 14 ottobre 2000)

Che altro dire? I bambini sono il futuro del mondo, sono il nostro futuro...

Anziano

*„La vecchiaia è l'ultima tappa della maturazione
umana e un segno della benedizione di Dio".
(Lettera agli anziani, 1999)*

Nel suo insegnamento sulla vita umana e sulla vecchiaia, Giovanni Paolo II pone grande accento sulla dignità della persona, sul valore della senilità e sulla missione degli anziani. Lo fa non solo con belle parole, ma soprattutto con la testimonianza del suo esempio nel periodo della vecchiaia, durante la quale serve Dio fino alla fine. Per poi passare nella vita eterna, alla quale si apre con inesauribile speranza cristiana.

Il Papa sottolinea che l'anziano ha, come persona creata e redenta da Dio, la stessa dignità di tutte le altre persone:

"... l'uomo si distingue da ogni altra realtà che lo circonda, perché è persona. Plasmato ad immagine e somiglianza di Dio, egli è soggetto consapevole e responsabile."

(Lettera agli anziani, Vaticano, 1 ottobre 1999)

Dal punto di vista cristiano l'essere umano, anche in età avanzata, vale molto di più di qualsiasi ricchezza, opera umana o conquista. Nei suoi discorsi il Santo Padre ribadisce con convinzione quanto già espresso nei suoi scritti:

"... secondo il disegno di Dio, ogni essere umano è una vita in continua crescita, dalla prima scintilla di esistenza fino all'ultimo respiro."

(Christifideles Laici).

Pertanto, l'educazione delle giovani generazioni dovrebbe seguire questo spirito, nel rispetto della persona anziana e della sua dignità. Giovanni Paolo II esorta:

"Una formazione incentrata non solo sul fare ma anche e soprattutto sull'essere, attenta ai valori che fanno apprezzare la vita in tutte le sue fasi, e sull'accettazione sia delle possibilità sia dei limiti che la vita ha. (...) Riflettere sull'anzianità significa pertanto prendere in considerazione la persona umana che, dalla nascita fino al suo tramonto, è dono di Dio, a sua

immagine e somiglianza, e sforzarsi affinché ogni momento dell'esistenza sia vissuto con dignità e pienezza."
(Lettera ai partecipanti alla Seconda Assemblea Mondiale sull'Invecchiamento, Vaticano, 3 aprile 2002)

In generale, il Papa vuole sensibilizzare le giovani generazioni sul fatto che ogni persona, indipendentemente dall'età, è una persona, ugualmente degna di cura. Già nell'enciclica *Redemptor hominis* scrive:

„Qui, dunque, si tratta dell'uomo in tutta la sua verità, nella sua piena dimensione. Non si tratta dell'uomo «astratto», ma reale, dell'uomo «concreto», «storico». Si tratta di «ciascun» uomo, perché ognuno è stato compreso nel mistero della Redenzione, e con ognuno Cristo si è unito, per sempre, attraverso questo mistero. Ogni uomo viene al mondo concepito nel seno materno, nascendo dalla madre, ed è proprio a motivo del mistero della Redenzione che è affidato alla sollecitudine della Chiesa. Tale sollecitudine riguarda l'uomo intero ed è incentrata su di lui in modo del tutto particolare. L'oggetto di questa premura è l'uomo nella sua unica e irripetibile realtà umana, in cui permane intatta l'immagine e la somiglianza con Dio stesso."
Giovanni Paolo II sottolinea che la pienezza della nostra umanità si evidenzia nel rispetto dell'altro e nella capacità di donarglielo. Ci chiede:
„Impariamo ad essere più pienamente umani attraverso la capacità di "donarci": essere umani "per gli altri". Una tale verità sull'uomo – una tale antropologia – trova il suo culmine insuperabile in Gesù di Nazareth."

(Familiaris Consortio)

Nel suo insegnamento, il Santo Padre, riferendosi alle Sacre Scritture, invita tutti a:
„… circondare con cura e rispetto la vita, soprattutto quella

segnata dalla malattia e dalla vecchiaia. Se nella Bibbia non vi sono richiami diretti e inequivocabili a proteggere la vita fin dal suo inizio, soprattutto prima della nascita, nonché di fronte alla fine imminente, ciò si spiega facilmente con il fatto che anche la possibilità di agire contro la vita, attaccarlo o addirittura togliere la vita in tali circostanze non rientrava nei concetti religiosi e culturali del Popolo di Dio"

(Evangelium Vitae)

Fate caso, dunque, a quanto spesso il Papa fa riferimento al tema della vecchiaia nei suoi testi e nei suoi discorsi, a quanto profondamente si china sugli anziani, sottolineando la necessità di proteggerli e prendersene cura. Don Wiesław Przygoda, riferendosi agli insegnamenti di Papa Giovanni Paolo II, nel suo studio intitolato *"La Formazione Apostolica degli Anziani"* affronta anche il tema della vecchiaia. Afferma che non è il numero di anni a determinarla, ma una significativa diminuzione dell'adattabilità umana a livello biologico e psicosociale, associata alla progressiva limitazione dell'autosufficienza e al graduale intensificarsi della dipendenza da altre persone. Molto spesso l'anziano è accompagnato anche da senso di rifiuto e di inutilità. Niente di più sbagliato! Gli anziani erano, sono e saranno sempre necessari!

Giovanni Paolo II lo sottolinea più volte nei suoi discorsi. Secondo il Papa la vecchiaia:

„... si propone come «tempo favorevole» per il compimento dell'umana avventura, e rientra nel disegno divino riguardo ad ogni uomo come tempo in cui tutto converge, perché egli possa meglio cogliere il senso della vita e raggiungere la "sapienza del cuore". "Vecchiaia veneranda - osserva il Libro della Sapienza - non è la longevità, né si calcola dal numero degli anni, ma la canizie per gli uomini sta nella sapienza; vera longevità è una vita senza macchia" (4, 8-9). Essa costituisce la tappa definitiva della maturità umana ed è espressione della

benedizione divina."
(Lettera agli Anziani, Città del Vaticano, 1 ottobre 1999)

Il Santo Padre non scrive delle ombre della vecchiaia, ma del suo splendore, non della dipendenza degli anziani dai più giovani, ma della interdipendenza intergenerazionale, che è la base della comunità. In un altro passo della stessa lettera così si esprime:

„*Gli aspetti di fragile umanità, connessi in maniera più visibile con la vecchiaia, diventano in questa luce un richiamo all'interdipendenza ed alla necessaria solidarietà che legano tra loro le generazioni, perché ogni persona è bisognosa dell'altra e si arricchisce dei doni e dei carismi di tutti."*

In passato era normale che i figli adulti si prendessero cura dei propri genitori. Secondo il Santo Padre, la famiglia realizza in quel modo una forma elementare di solidarietà intergenerazionale, in una delle sue fasi. All'inizio la solidarietà coniugale comportava che i coniugi si unissero nel bene e nel male, impegnandosi così a prendersi cura l'uno dell'altro fino alla fine della loro vita. Quindi includeva anche la prole: l'educazione dei figli richiedeva un legame duraturo e forte tra madre e padre. Infine nasceva la solidarietà tra i figli ormai grandi e i loro genitori anziani. È ancora così?

„*Oggi diversi fattori stanno provocando cambiamenti significativi nei rapporti intergenerazionali. In molte regioni del mondo il vincolo matrimoniale, che ormai spesso viene percepito come un mero contratto tra due persone, si sta indebolendo. A causa della pressione della società dei consumi, le famiglie prestano più attenzione al lavoro e alle varie forme di attività sociale che alla casa."*
(Lettera ai partecipanti alla Sessione Plenaria della Pontificia Accademia delle Scienze Sociali, 30 aprile 2004)

Attualmente il posto assegnato agli anziani nella famiglia dipende principalmente dai valori riconosciuti da una determinata comunità. Pertanto, dove l'esperienza e la saggezza sono apprezzate, gli anziani sono trattati con cura, gentilezza e rispetto. Invece là dove si apprezzano la giovinezza e l'efficienza, gli anziani vengono trattati come un peso inutile e relegati ai margini della vita sociale.

Giovanni Paolo II è molto orgoglioso di questo primo gruppo.

Scrive:

„Ci sono culture che manifestano una singolare venerazione ed un grande amore per l'anziano: lungi dall'essere estromesso dalla famiglia o dall'essere sopportato come un peso inutile, l'anziano rimane parte attiva e responsabile - pur dovendo rispettare l'autonomia della nuova famiglia - e soprattutto svolge la preziosa missione di testimone del passato e di ispiratore di saggezza per i giovani e per l'avvenire"

(Familiaris Consortio, 27)

Il Santo Padre fa presente che spingere gli anziani ai margini della vita sociale non è solo fonte di sofferenza, ma impoverisce spiritualmente la famiglia moderna. Afferma che „il rispetto e l'amore per gli anziani, grazie ai quali essi possono sentirsi – pur nell'indebolimento delle forze – parte viva della società" sono necessari per il buon funzionamento di ogni comunità. Gli anziani servono i più giovani con la loro esperienza, i loro consigli e la loro saggezza quindi secondo il Papa, meritano non solo il loro rispetto, ma anche la loro riverenza. Qui troviamo anche un riferimento al quarto comandamento di Dio: „onora tuo padre e tua madre".

Pertanto secondo il Santo Padre:

„Onorare gli anziani comporta un triplice dovere verso di loro: l'accoglienza, l'assistenza, la valorizzazione delle loro qualità. In molti ambienti ciò avviene quasi spontaneamente, come per antica consuetudine (...) Gli anziani possono darvi molto di più di quanto possiate immaginare."
(Lettera agli anziani, Vaticano, 1 ottobre 1999)

Secondo Giovanni Paolo II il rispetto degli anziani nella famiglia si dovrebbe manifestare attraverso l'accettazione della loro presenza, l'aiuto e l'apprezzamento delle loro qualità. Questo ci permette di vedere la saggezza degli anziani, che i giovani possono usare come tesoro di conoscenza ed esperienza.

Nella lettera citata sopra, il Papa continua affermando che la vecchiaia:

„... come osserva san Girolamo – attenuando l'impeto delle passioni, (...) "accresce la sapienza, dà più maturi consigli. In un certo senso, è l'epoca privilegiata di quella saggezza che in genere è frutto dell'esperienza, perché il tempo è un grande maestro."
(Lettera agli anziani, Vaticano, 1 ottobre 1999)

Giovanni Paolo II nella lettera citata sopra, continua affermando che la

Chiesa di Cristo, nel suo insegnamento sulla sapienza della vecchiaia, ricorda anche il ruolo preziosissimo degli anziani nella famiglia:

„Non può essere trascurato dalla Chiesa il momento dell'età anziana, con tutti i suoi contenuti positivi e negativi: di possibile approfondimento dell'amore coniugale sempre più purificato e nobilitato dalla lunga e ininterrotta fedeltà; di disponibilità a porre a servizio degli altri, in forma nuova, la bontà e la saggezza accumulata e le energie rimaste; di pesante solitudine (…) di sofferenza per la malattia, (…) per l'avvicinarsi degli ultimi momenti della vita."

(Familiaris Consortio)

Secondo il Santo Padre, la vecchiaia nasconde la saggezza della vita, la ricchezza delle esperienze e la semplice maturità dell'uomo che sa vedere di più. *„La vera maturità va sempre di pari passo con la semplicità. Semplicità non significa superficialità della vita e dei pensieri, non nega la complessità della realtà, ma è la capacità di cogliere l'essenza di ogni problema, scoprirne il significato fondamentale e il suo nesso con l'insieme. La semplicità è saggezza."*

(Omelia, Vaticano, 23 ottobre 1998)

Molte volte Giovanni Paolo II spiega che:

„Gli anziani aiutano a guardare alle vicende terrene con più saggezza, perché le vicissitudini li hanno resi esperti e maturi. Essi sono custodi della memoria collettiva, e perciò interpreti privilegiati di quell'insieme di ideali e di valori comuni che reggono e guidano la convivenza sociale."

(Lettera agli anziani, Città del Vaticano, 1 ottobre 1999)

Questo sembra così ovvio!

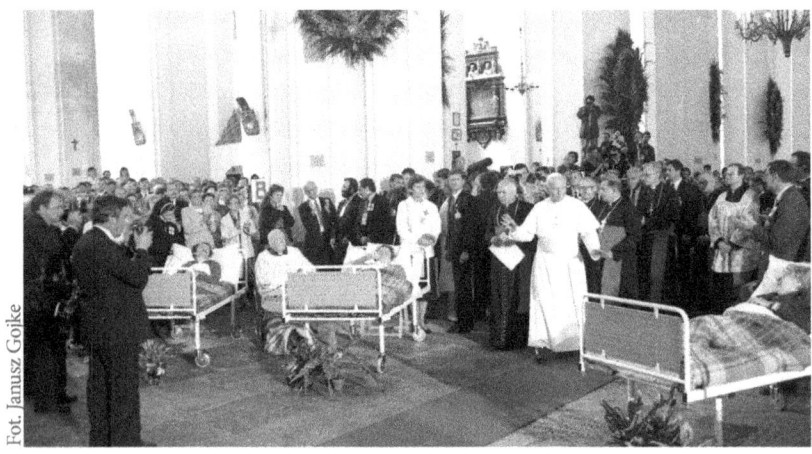

Norbert Pikuła lo descrive perfettamente nel suo saggio "*La saggezza della vita degli anziani come paradigma educativo della famiglia modern*a". Dopo tutto sono i nonni che più spesso insegnano le parole delle preghiere e aiutano nell'istruzione scolastica di base. Trasmettono i valori da loro santificati e modellano così gli atteggiamenti dei più giovani. Forniscono sostegno spirituale ai loro figli e nipoti. Raccontano volentieri sia belle fiabe che storie vere, a cui spesso hanno assistito loro stessi. Condividono la conoscenza delle celebrazioni familiari e nazionali e custodiscono anche la tradizione di celebrare festività religiose o civili importanti nella vita della loro patria.

Pertanto, sottolineando la saggezza della vecchiaia, Giovanni Paolo II dice agli anziani:

„*Siete una benedizione per il mondo. Quanto spesso dovete alleviare il peso dei giovani genitori, quanto bene sapete introdurre i piccoli alla storia della vostra famiglia e della vostra patria, alle fiabe della vostra nazione e al mondo della fede! I giovani si rivolgono a voi per i loro problemi più spesso che alla generazione dei loro genitori.*"

(Discorso agli anziani, Monaco, 19 novembre 1980)

„*Anche la vecchiaia ha un suo ruolo da svolgere in questo processo di progressiva maturazione dell'essere umano in cammino verso l'eterno. Da questa maturazione non potrà non trarre giovamento lo stesso gruppo sociale di cui l'anziano è parte.*"

(lettera agli anziani, Città del Vaticano, 1 ottobre 1999)

Giovanni Paolo II ha anche sottolineato che il rapporto tra anziani e famiglia deve essere percepito come uno scambio di doni. Come la famiglia è un vero «santuario della vita e dell'amore», così i suoi membri sono un dono gli uni per gli altri:

„*In realtà, la vita degli anziani ci aiuta a far luce sulla scala dei valori umani; fa vedere la continuità delle generazioni e meravigliosamente dimostra l'interdipendenza del Popolo di Dio. Gli anziani inoltre hanno il carisma di oltrepassare le barriere fra le generazioni, prima che queste insorgano. Quanti bambini hanno trovato comprensione e amore negli occhi, nelle parole e nelle carezze degli anziani!*"

(Familiaris Consortio)

Sulla relazione tra anziani e giovani il Santo Padre dice anche:

„Possono servirli con la loro bontà discreta e cordiale, con la saggezza, con la comprensione, con la pazienza, con i buoni consigli, e soprattutto con la fede e la preghiera."

Giovanni Paolo II sottolinea che la vecchiaia non è una malattia ma una naturale tappa della vita di ogni uomo.

„Alle persone anziane, spesso ingiustamente ritenute inutili se non addirittura d'insopportabile peso, ricordo che la Chiesa chiede e attende che esse abbiano a continuare la loro missione apostolica e missionaria, non solo possibile e doverosa anche a quest'età, ma da questa stessa età resa in qualche modo specifica e originale."

(Christi fideles Laici 1988)

Secondo Giovanni Paolo II, la missione degli anziani è essenzialmente quella di testimoniare „i valori veri - il cui significato va oltre le apparenze e dura per sempre - perché iscritti nel cuore di ogni persona e garantiti dalla Parola di Dio". In una lettera agli anziani (1999), scrive che il compito specifico di evangelizzazione degli anziani è l'apostolato della preghiera. Sostiene anche che il privilegio degli anziani sia il tempo: non essendo più distratti dalle numerose attività, possono dedicarsi ad „una riflessione più profonda e ad un dialogo più lungo con Dio."

Per quasi tutto il periodo del suo pontificato il Santo Padre si identifica con gli anziani.

Sottolineando ripetutamente la sua età esprime comprensione per i problemi di questa categoria.

Scrive tra l'altro:

„Rivolgendomi agli anziani, so di parlare a persone e di persone che hanno compiuto un lungo percorso (cfr. Sap 4, 13). Parlo ai miei coetanei; posso, dunque, facilmente cercare un'analogia nella mia vicenda personale."

Anziano anch'io, ho sentito il desiderio di mettermi in dialogo con voi. E lo faccio anzitutto rendendo grazie a Dio per i doni e le opportunità che mi ha elargito con abbondanza sino ad oggi. Ripercorro nella memoria le tappe della mia esistenza, che s'intreccia con la storia di gran parte di questo secolo, e vedo affiorare i volti di innumerevoli persone, alcune delle quali particolarmente care: sono ricordi di eventi ordinari e straordinari, di momenti lieti e di vicende segnate dalla sofferenza. Sopra ogni cosa, tuttavia, vedo stendersi la mano provvidente e misericordiosa di Dio Padre, il quale "cura nel modo migliore tutto ciò che esiste", e qualunque cosa gli chiediamo secondo la sua volontà egli ci ascolta."

(Lettera agli anziani, Vaticano, 1 ottobre 1)

Tutta la riflessione del Papa sul tema della vecchiaia porta in conclusione alla gratitudine:

„Tanti sono dunque i motivi per i quali dobbiamo ringraziare Dio. Questo scorcio di secolo si presenta, nonostante tutto, con grandi potenzialità di pace e di progresso. Dalle stesse prove attraverso cui è passata la nostra generazione emerge una luce capace di illuminare gli anni della nostra vecchiaia."

(Lettera agli anziani Vaticano, 1 ottobre 1999)

Facendo riferimento alle parole del Santo Padre Giovanni Paolo II, confermate dalla sua esperienza, possiamo conoscere il senso più profondo della vecchiaia e della insostituibile missione degli anziani, ma anche rafforzare la loro soggettività sia nell'ambiente familiare che sociale. La forza della testimonianza della sua parola e della sua vita resta un appello alle persone e alle comunità contemporanee per una credibile e autentica affermazione della dignità dell'anziano e per le iniziative sociali che ne conseguano.

Proprio come i bambini sono il futuro del mondo, gli anziani sono la garanzia della sua persistenza e continuità. Quindi prendiamoci cura di loro, prendiamoci cura di noi stessi...

Una frase che mi piace:

L'anziano è come un libro ben scritto. Quando muore, se ne va l'intera biblioteca.

Alla fine, ancora alcuni aneddoti dalla vita di Giovanni Paolo II

Gabbia di vetro

Al Papa non piaceva essere portato in giro in Papamobile, che chiamava "gabbia di vetro". Una donna polacca che ne sosteneva l'utilità, avendo avuto l'opportunità di parlare con Giovanni Paolo II a Cracovia, gli disse:
- Questa gabbia però riduce i rischi. Non possiamo farci niente se siamo preoccuparti per Vostra Santità...
- Anch'io sono preoccupato per la mia santità. – rispose sorridendo il Papa.

Con voi divento un bambino

Durante una delle sue visite alle parrocchie romane, il Papa, come era sua abitudine, aveva intavolato un dialogo con i bambini.
- Voi siete giovani e io sono già vecchio - disse.
- No, non sei vecchio - protestarono a gran voce i bambini.
- Sì, ma quando sono con voi divento come un bambino - rispose il Papa.

Chiamami zio

Durante la sua prima visita negli Stati Uniti, il Papa incontrò la famiglia del presidente Jimmy Carter. La nipote del presidente, allora di cinque anni, avendo difficoltà a pronunciare il saluto, ripeteva più e più volte:
- Sua Santità, Sua Santità...
Il Papa, volendo togliere la bambina dall'imbarazzo la prese tra le braccia e disse:
- Chiamami zio.

Katarzyna Dorosz

Era anche insegnante

Esami, sessione invernale. Gli studenti stavano aspettando il professore, don Karol Wojtyła, per l'esame di etica. Dopo un paio d'ore, non vedendolo arrivare, tutti cominciarono ad andare via. Ad eccezione di uno studente prete, che non aveva mai frequentato le lezioni del prof. Wojtyla, preferendo al loro posto una mostra di pittura a Varsavia. Il professore arrivò davanti all'aula dove si svolgevano gli esami direttamente dalla stazione, non appena sceso dal treno in ritardo. Il suo aspetto giovanile e l'abito talare non permettevano di distinguerlo dagli altri studenti sacerdoti, più giovani di lui di qualche anno. Il prete studente chiese a Karol Wojtyła, che non aveva mai visto prima:

- Amico, anche tu qui per l'esame?

- Sì - rispose il professore, senza però specificare il suo ruolo di esaminatore.

Lo studente cominciò col lamentarsi del ritardo del docente, il quale non impiegò molto a capire che il giovane prete non aveva mai frequentato le sue lezioni. Gli si sedette accanto e i due iniziarono una lunga conversazione sui temi di etica oggetto delle lezioni. Lo studente, guardando don Wojtyła con ammirazione disse:

-Amico, quanto sei preparato! Se arriva il professore ti prego, non entrare prima di me, altrimenti sarei sicuramente bocciato!

- Va bene – acconsentì umilmente don Wojtyła – ma dimmi, sinceramente: perché non sei mai venuto a lezione?

-Perché corre voce che le sue siano lezioni molto difficili, astratte addirittura. Se solo avesse il dono di trasmettere i concetti come hai appena fatto tu, lo ascolterei con grande piacere.

- Va bene, dammi il libretto - disse il professore.

- Stai scherzando? – reagì il prete studente.

- Dammi il libretto, sono Wojtyła.

Davanti all'incredulo studente, il prof. Wojtyła registrò sul libretto un buon voto, con nota di frequentare le lezioni nel semestre successivo al fine di farsi un'idea sul docente.

La notizia dell'accaduto circolò immediatamente tra gli studenti facendo cadere l'illusoria barriera della paura e guadagnare al professore tanta simpatia.

Alla fine, ancora alcuni aneddoti dalla vita di Giovanni Paolo II

Il Papa non è un campione olimpico

I dipendenti vaticani facevano fatica ad accettare il fatto che il nuovo Papa non volesse utilizzare la *sedia gestatoria*.

- Senza la sedia gestatoria non si potrà vedere Sua Santità, magari una pedana? – il "popolo del Vaticano" non si arrendeva.

- Non posso salire sul podio, non sono un campione olimpico! – rispose risoluto Giovanni Paolo II.

Fot. Janusz Gojke

Alcune curiosità su Giovanni Paolo II

1. Karol Wojtyła fu il primo Papa non italiano dall'anno 1522 e il primo slavo a ricoprire la carica di Papa, durata 26 anni.
2. Karol Wojtyła giunse al conclave dove fu eletto Papa all'ultimo momento! Ultimo ad entrare nella Cappella Sistina, tenendo presente che una volta chiusi i cancelli nessuno potrà più entrarvi, nemmeno un cardinale elettore.
3. Karol Wojtyła nacque alla stessa ora in cui fu eletto Papa, tra le 17:00 e le 18:00, 58 anni dopo.
4. Giovanni Paolo II compì 104 pellegrinaggi all'estero, di cui 9 in Polonia. Visitò ben 129 Paesi ed oltre 900 città. I suoi grandi sogni mai realizzati: potersi recare nella Russia ortodossa e in Cina.
5. Nei suoi viaggi all'estero percorse oltre 1.650.900 km, pari ad oltre trenta volte il giro della terra e tre volte la distanza tra la terra e la luna.
6. Giovanni Paolo II era attivo fisicamente e amava lo sport. Gli piaceva lo sci e il kayak ed amava anche l'alpinismo. Nel primo anno del suo pontificato chiese che fosse costruita una piscina e ristrutturato un campo da tennis.
7. Giovanni Paolo II rinunciò alla sedia gestatoria utilizzata dai suoi predecessori: non voleva esservi portato, ritenendola inutile.
8. Rompendo ogni stereotipo fu il primo Papa ad assistere ad un concerto rock, a Bologna, e fu il primo a concedere ai media udienze, che col tempo si trasformarono in conferenze stampa.
9. Giovanni Paolo II introdusse l'uso di internet in Vaticano, un'impresa straordinaria e prima impensabile.
10. Fu una persona originale: portava l'orologio al polso e leggeva senza occhiali. Scherzava spesso e svelava le sue "debolezze", come quella per i kremowki, i pasticcini alla crema, ricordando di quando li consumava con i suoi compagni al termine degli esami al liceo di Wadowice.

11. Giovanni Paolo II amava moltissimo i bambini, per i quali desiderava ardentemente una vita dignitosa e serena. Fu il primo Papa a dedicare loro una lettera.
12. Conosceva molte lingue straniere tra cui inglese, tedesco, francese, italiano, spagnolo, portoghese, polacco, russo, ucraino, ceco, ungherese e latino, e ne parlava fluentemente sette.
13. Durante il suo pontificato Giovanni Paolo II beatificò 1338 persone e proclamò 487 santi.
14. Fu il 264° Papa della Chiesa, a partire da San Pietro.
15. Per discutere di questioni importanti Giovanni Paolo II convocò e presiedette 15 sinodi dei vescovi e 6 concistori straordinari dei cardinali. Pubblicò 14 encicliche, 15 esortazioni, 11 costituzioni apostoliche, 45 lettere apostoliche, e molti messaggi in occasioni ricorrenti: Giornata Mondiale della Pace (27 messaggi), Giornata Mondiale del Malato (13), Giornata Mondiale della Gioventù (20), Giornata delle Comunicazioni Sociali (26), oltre ai messaggi in occasione del Natale, della Quaresima e della Pasqua. Condusse inoltre diversi cicli di catechesi nelle udienze del mercoledì e pubblicò cinque libri.

Fot. Andrzej J. Gojke

Giovanni Paolo II – le frasi scelte per voi

Alla crisi della civiltà bisogna rispondere con la civiltà dell'amore!
(Lettera apostolica Tertio millennio adveniente, 1994)

L'uomo infatti diventa veramente sé stesso attraverso il dono gratuito di sé...
(Enciclica Centesimus annus, 1991)

L'uomo deve essere misurato con la misura del cuore. Con il cuore!(...) La persona deve essere misurata con la misura della coscienza, con la misura di uno spirito aperto a Dio. Pertanto, una persona deve essere misurata con la misura dello Spirito Santo.
(1979)

Dio non dubita dell'uomo. Allora anche noi cristiani non possiamo dubitare dell'uomo, perché sappiamo che l'uomo è sempre più grande dei suoi errori e vizi.
(*Lettera apostolica alla ricorrenza del 50° anniversario della II guerra mondiale, 1989*)

L'uomo realizza sé stesso attraverso la sua intelligenza e la sua libertà e, così facendo, le tratta come oggetto e strumento delle cose di questo mondo e se ne appropria.
(Enciclica Centesimus annus, 1991)

L'uomo che vuole comprendere sé stesso completamente deve, con la sua inquietudine e incertezza, con la sua debolezza e peccaminosità, con la sua vita e la morte, avvicinarsi a Cristo.
(Enciclica Redemptor hominis, 1979)

In effetti, la principale risorsa dell'uomo insieme con la terra è l'uomo stesso.
(Enciclica Centesimus annus, 1991)

Scenda il Tuo Spirito! E rinnovi la faccia della Terra. Di questa Terra.
(Omelia alla Piazza della Vittoria a Varsavia 2 giugno, 1979)

Non aver paura, non aver timore! Prendi il largo!

Non c'è pace senza giustizia, non c'è giustizia senza perdono.

Quando le cose si faranno difficili per voi, quando provate un fallimento o una delusione nella vita, lasciate che i vostri pensieri si rivolgano a Cristo, che vi ama, che è un compagno fedele e che vi aiuta a sopravvivere a qualsiasi difficoltà.
Una famiglia fortificata da Dio diventa la forza dell'uomo e dell'intera nazione.
Dovete esigere da voi stessi, anche se gli altri non dovessero esigere da voi.

L'Amore mi ha spiegato tutto,
l'Amore ha risolto tutto,
ecco perché adoro questo Amore,
dovunque sia...
(dal volume Salterio rinascimentale)

Vi ho cercati e adesso voi mi siete venuti a trovare.
Voi siete il futuro del mondo! Voi siete la speranza della Chiesa! Voi siete la mia speranza!
La cura del bambino è la primaria e fondamentale verifica della relazione dell'uomo all'uomo.

Ricco non è colui che possiede, ma colui che dona.

Siate portatori di fede cristiana e di speranza in questo mondo, vivendo l'amore ogni giorno. Siate fedeli testimoni di Cristo risorto, non indietreggiate mai davanti agli ostacoli che si accumulano sui sentieri della vita.
Conto su di voi. Sul vostro entusiasmo giovanile e la vostra devozione a Cristo.
Non è vero che l'uomo che fa del bene agli altri sia solo lui il benefattore.

Anche lui riceve il dono di chi lo accetta con amore.

Cerchiamo di vivere e agire in modo che nessuno nella nostra patria manchi di un tetto sopra la testa e di pane sulla tavola, affinché nessuno si senta solo o lasciato senza assistenza.

Voi siete giovani, ed il Papa vecchio e un po' stanco, ma si identifica ancora con le vostre attese e speranze.
   (durante le Giornata Mondiale della Gioventù del 22 luglio, 2002)

L'uomo non è solo l'autore delle sue azioni, ma attraverso queste azioni, è anche in qualche modo «creatore di sé stesso».

La libertà, la paghi con tutto te stesso - perciò chiamerai libertà quella che, mentre la paghi ti aiuta a possedere te stesso sempre di nuovo.
                 (Memoria e Identità)

Conclusione

Il libro "La civilizzazione dell'amore" è dedicata a tutti noi: donne, uomini, famiglie e contiene le parole del papa che nelle sue encicliche fa vedere come sia importante il nostro ruolo come parte dell'umanità nel mondo odierno. In particolare vengono analizzati i ruoli della moglie e marito, della donna e dell'uomo, del matrimonio e della famiglia.

Chi è la Famiglia piena d'amore? In che direzione dovrebbe andare ogni famiglia? A queste domande urgenti Giovanni Paolo II ci dà le risposte molto chiare.

Giovanni Paolo II ha scritto tantissimo su questo argomento. Ho letto 1500 pagine dei libri, delle encicliche, della Bibbia per presentare un piccolo frammento della meravigliosa storia d'Amore che riguarda uomo, donna, matrimonio, famiglia, bambini e anziani.

Ho cercato di non interferire con la eloquente scrittura di Giovanni Paolo II limitandomi ai commenti che illustrano oppure alle introduzioni e conclusioni.

Ho scritto questo libro, dopo aver subito un grosso incidente in macchina, come testimonianza della mia fede e dell'amore di Dio.

Il 26 marzo del 2021 mi ero fermata al semaforo della mia città, tirando fuori dalla borsetta i wafer misi sul posto del passeggero la foto di Giovanni Paolo II. Due minuti dopo un autista ubriaco che non aveva visto la luce rossa e che c'era la macchina davanti, proseguendo con grande velocità aveva violentemente urtato la mia macchina che si era capottata. La macchina era completamente distrutta, airbag non aveva funzionato, ma questa era una fortuna, perché sarei stata soffocata. Non riuscivo a camminare per 7 mesi e la riabilitazione è durata un anno e mezzo.

Stando a letto con il senso di impotenza, per sollevarmi, leggevo le opere di Giovanni Paolo II.

Ero piena di gratitudine perché la contusione poteva avere l'esito peggiore, mancava un millimetro perché fosse lesionata la spina dorsale e non avrei potuto più camminare.

Gli eventi come questi inevitabilmente portano alle riflessioni sulla propria esistenza. Ho capito come sia fragile la vita e che siamo qui di passaggio. Possiamo solo amare Dio, rispettare i suoi comandamenti e perfezionarci. Mi sono resa conto che tutta la vita ci prepariamo all'incontro con il Signore.

E adesso prego per Te che leggi questo libro perché Dio protegga te e la tua famiglia.

Ti prego di accettare questo piccolo dono prova della mia simpatia e gratitudine verso il papa Giovanni Paolo II. Prendi quello di cui hai bisogno e sicuramente sarai testimone di un grande cambiamento della tua vita che ti avvicinerà sempre più a Dio.

Vi auguro di cuore l'eterna grazia di Dio…

Bibliografia

Fonti:

Giovanni Paolo II, Esortazione Familiaris Consortio, 1981
Giovanni Paolo II, Esortazione Christifideles Laici, 1988
Giovanni Paolo II, Esortazione Ecclesia in Europa, 2003
Giovanni Paolo II, Enciclica Redemptor Hominis, 1979
Giovanni Paolo II, Enciclica Centesimus Annus, 1991
Giovanni Paolo II, Enciclica Veritatis Splendor, 1993
Giovanni Paolo II, Enciclica Evangelium Vitae, 1995
Giovanni Paolo II, omelia, Vaticano, 1981
Giovanni Paolo II, omelia, Breslavia 1983
Giovanni Paolo II, omelia, Lyon, 1986
Giovanni Paolo II, omelia al mondo del lavoro, Danzica, 1987
Giovanni Paolo II, omelia, Kielce, 1991
Giovanni Paolo II, omelia, Skoczów, 1995
Giovanni Paolo II, omelia, Kalisz, 1997
Giovanni Paolo II, omelia, Legnica, 1997
Giovanni Paolo II, omelia, Vaticano, 1998
Giovanni Paolo II, omelia, Łowicz, 1999
Giovanni Paolo II, omelia, Sandomierz, 1999
Giovanni Paolo II, omelia, Sopot, 1999
Giovanni Paolo II, omelia, Stary Sącz, 1999
Giovanni Paolo II, omelia, Vaticano, 2000
Giovanni Paolo II, omelia durante la Santa messa durante Giubileo delle Famiglie, 2000
Giovanni Paolo II, Lettera Apostolica Salvici Doloris, 1984
Giovanni Paolo II, Lettera Apostolica per il 50° anniversario dello scoppio della II guerra mondiale, 1989
Giovanni Paolo II, Lettera Apostolica Tertio Millennio Adveniente,1994
Giovanni Paolo II , Lettera Apostolica Mulieris Dignitatem, 1994
Giovanni Paolo II, Lettera apostolica Novo Millennio Ineunte, 2001
Giovanni Paolo II, Lettera ai bambini durante il Giubileo della Famiglie, 1994

Giovanni Paolo II, Lettera a Équipes Notre-Dame, 1997
Giovanni Paolo II, Lettera agli Anziani, Vaticano, 1999
Giovanni Paolo II, Lettera alle Famiglie Gratissimam Sane, 1988
Giovanni Paolo II, Lettera ai partecipanti alla Seconda Assemblea Mondiale sui Problemi dell'Invecchiamento, Vaticano, 2002
Giovanni Paolo II, Lettera ai partecipanti alla Sessione Plenaria della Pontificia Accademia delle Scienze Sociali, 2004
Giovanni Paolo II, Lettera inviata alla IV Conferenza mondiale delle Nazioni Unite sulle donne, 1995
Giovanni Paolo II, L'amore è un dono di sé stessi. Riflessione prima della preghiera domenicale, 1994
Giovanni Paolo II, Dovete essere esigenti verso sé stessi, „Amatevi" 2005, Nr 3
Giovanni Paolo II, Messaggio per la XXVIII Giornata Mondiale della Pace, Vaticano 1994
Giovanni Paolo II, Discorso ai giovani accademici riuniti davanti alla chiesa di S. Anna, 1979
Giovanni Paolo II, Discorso durante un incontro con i giovani, Jasna Góra, 1983
Giovanni Paolo II, Discorso agli anziani, Monaco, 1980
Giovanni Paolo II, Discorso ai partecipanti alla riunione plenaria del Pontificio Consiglio per la Famiglia, 1999
Giovanni Paolo II, Discorso in occasione del Giubileo delle Famiglie, 2000
Giovanni Paolo II, Discorso durante la beatificazione dei coniugi Maria e Luigi Quattrocchi, 2001
Giovanni Paolo II, Discorso ai partecipanti al convegno ACLI, 2002
Giovanni Paolo II, Discorso alla Giornata Mondiale della Gioventù, 2002
Giovanni Paolo II, Discorso ai partecipanti all'Assemblea Plenaria del Pontificio Consiglio per la Famiglia, 2004
Giovanni Paolo II, Meditazione, 2000
Giovanni Paolo II, Meditazione, 2002
Giovanni Paolo II, *Teologia del Matrimonio*,
Catechesi durante udienze del mercoledì degli anni 1979-1984, http://www.madel.jezuici.pl/rodzina/Jan-Pawel-II-Teologia--malzenstwa.html
Paolo VI, enciclica *Humanae vitae*, 1968
Paolo VI, Costituzione pastorale *Gaudium et spes*, 1965 Concilio Vaticano II, Costituzione dogmatica *Lumen gentium*, 1964

Letteratura sulla materia:

Bronk K., *Francesco conferma gli insegnamenti di Giovanni Paolo II* Vatican News, 31.10.2019, https://www.vaticannews.va/ pl/papiez/news/2019-10/papiez-franciszek-jan-pawel-ii-rodzina-nauczanie.html
Bujak A., Wojtyła K., *Salterio rinascimentale*, Cracovia 1999
Brzeziński M. (Don), *Onore e rispetto per gli anziani sulla base della lettera di Giovanni Paolo agli anziani II*, Annali delle scienze della famiglia e del servizio sociale 2012, Nr 4 (59)
Chmielewski M. (Don), *La spiritualità secondo Giovanni Paolo II. Studio basato su encicliche ed esortazioni* Lublin 2013
Chmielewski M. (Don), *La dimensione meditativa del "Genio della Donna". Riflessione sulla Lettera Apostolica "Mulieris Dignitatem"*, "Ateneum Sacerdotale" 1994, n. 86
Kroczek P. (Don.), *Lettera alle famiglie Gratissimam Sane come guida per la legislazione statale*, Cracovia 2015
Kupczak P., *La libertà della persona umana secondo Karol Wojtyła - Giovanni Paolo II*, "Teologia in Polonia" 2011, n. 5, 1
Lubowicki K., *La spiritualità matrimoniale nell'insegnamento di Giovanni Paolo II*, Cracovia 2012
Pikuła N., *La saggezza di vita degli anziani come paradigma educativo di una famiglia moderna*.
W: B. Balogová (red.), *Elan vital v priestore medzigeneracnych vztahov*, Presov 2010
Półtawska W., *La famiglia sia forte con Dio*, Częstochowa 2003
Przygoda W. (Don.), Formazione apostolica degli anziani, "Studi teologici e storici di Legnica Prospettiva" 2009, Nr 1 (14)
Syczewski Tadeusz (Don), Pensiero di Giovanni Paolo II su matrimonio e famiglia, Materiali per gli studenti, https://www.kul.pl/files/1418/materialy_na_zajecia/syczewski/ mysl_jana_pawla_ii_o_malzenstwie_i_rodzinie.doc+&cd=1&hl=pl&ct=clnk&gl=pl
Szymecki S. (arcivescovo), Giovanni Paolo II, "Il tempo della misericordia" 2003, Nr 6
Wojtyła K. (Card.), *Persona e Atto ed altri studi antropologici*, Lublin 2019
Wuwer A. (Don.), *Le vie della Chiesa conducono all'uomo*, „Ospite della Domenica" 2001, Nr 29

Consultazione e correzione: Katarzyna Królewicz-Gorzelańczyk

Layout stampa: Łukasz Bieszke

Foto: Andrzej J. Gojke, Janusz Gojke, Nazionale Archivio Digitale

Autore del quadro a pag. 2 artista Robert Kraszewski

Traduzione dal polacco: Elżbieta Kwiatkowska

Correzione e consultazione lingua italiana:
Luciano Ferrari e Giovanni Ferrari

ISBN 978-1-0879-9129-0

Tutti i diritti sono riservati. È vietata la riproduzione
e pubblicazione senza l'autorizzazione scritta dell'autore

Contenuti

Introduzione
-7-

*La Civiltà dell'Amore Insegnamento di
S. Giovanni Paolo II*
-11-

Totus tuus (Tutto tuo)
-13-

Due parole sul Papa...
-15-

Dal maestro...
-19-

Ecce Homo... (Ecco Uomo)
-29-

Donna
-45-

Uomo
-61-

Matrimonio
-71-

Famiglia
-95-

Bambino
-115-

Anziano
-125-

Aneddoti, curiosità
-139-

Conclusione
-149-

Bibliografia
-151-

Fot. Janusz Gojke

www.ingramcontent.com/pod-product-compliance
Lightning Source LLC
LaVergne TN
LVHW061036070526
838201LV00073B/5061